ネイティブなら12歳までに覚える

80パターンで

英語が止まらない!

塚本 亮

高橋書店

はじめに

世界で16億人以上が使うと言われている英語。私たちは学生のころからその英語を学んできました。

何年も勉強してきたものの、外国人と話す機会になると英語が出てこない。これは、あなたに才能がないということでもありませんし、勉強が苦手だということでもありません。ただただ、英語を話すための正しいトレーニングが不足しているだけなのです。

「今日、○○したい」
「○○はどうだった？」
「○○させて」

上記の3例は、私たちが子どもの頃に身につけた日本語の型(パターン)です。○○に入れる言葉をアレンジするだけで、文が完成します。
英語圏で育つ子どもたちも同じように、型(パターン)をまず習得します。そしてその型(パターン)を適宜アレンジしながら表現を増やしていくのです。

特に英語の場合は、出だしがパターン化されています。例えば、何かしたいことがあれば、I want to...（…がしたい）で始めればいいですよね。
しかしその分、この出だしでつまずくと、先に進むことが難しいのです。そう考えると、英語の型(パターン)（出だし）を覚えることこそが、英語を攻略するカギだと言えるのではないでしょうか。

今こそ、即戦力になる英語を身につけるときです。本書にはそのヒントをたくさん詰め込みました。難しいことは必要ありません。スポーツの基礎練習を反復するような感覚で、英語を練習してみてください。
続けるコツは楽しむこと。ゲームのように問題をサクサク解きながら取り組んでみてはいかがでしょうか。繰り返すうちに、英語が口から出てくる感覚を体感できるでしょう。
あなたの新しいチャレンジを応援しています。一緒に頑張りましょう。

塚本亮

本書の使い方

本書は「型」の使い方をインプットした後、その型を定着させる穴埋め問題でアウトプットできる構成です。

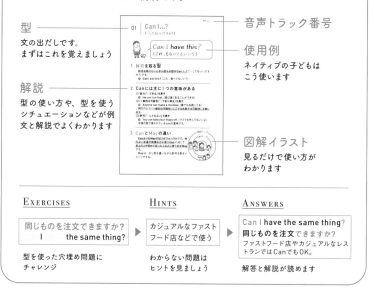

型
文の出だしです。
まずはこれを覚えましょう

解説
型の使い方や、型を使うシチュエーションなどが例文と解説でよくわかります

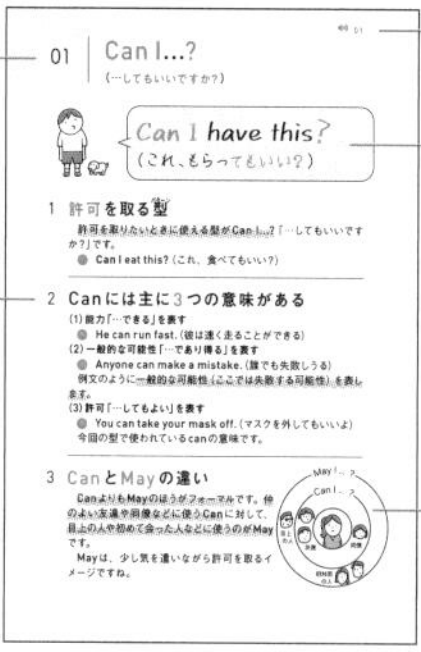
01 Can I...?
(…してもいいですか？)

Can I have this?
(これ、もらってもいい？)

1 許可を取る型
許可を取りたいときに使える型がCan I...?「…してもいいですか？」です。
● Can I eat this?（これ、食べてもいい？）

2 Canには主に3つの意味がある
(1) 能力「…できる」を表す
● He can run fast.（彼は速く走ることができる）
(2) 一般的な可能性「…であり得る」を表す
● Anyone can make a mistake.（誰でも失敗しうる）
例文のように一般的な可能性（ここでは失敗する可能性）を表します。
(3) 許可「…してもよい」を表す
● You can take your mask off.（マスクを外してもいいよ）
今回の型で使われているcanの意味です。

3 CanとMayの違い
CanよりもMayのほうがフォーマルです。仲のよい友達や同僚などに使うCanに対して、目上の人や初めて会った人などに使うのがMayです。
Mayは、少し気を遣いながら許可を取るイメージですね。

音声トラック番号

使用例
ネイティブの子どもはこう使います

図解イラスト
見るだけで使い方がわかります

EXERCISES

同じものを注文できますか？
I the same thing?

型を使った穴埋め問題にチャレンジ

▶

HINTS

カジュアルなファストフード店などで使う

わからない問題はヒントを見ましょう

▶

ANSWERS

Can I have the same thing?
同じものを注文できますか？
ファストフード店やカジュアルなレストランではCanでもOK。

解答と解説が読めます

音声ダウンロードの方法

パソコン・スマートフォン・タブレットで簡単に音声を聞くことができます。以下の手順にしたがってダウンロードしてください。

① 下記の専用サイトにアクセス、もしくはQRコードを読み取ってください
https://www.takahashishoten.co.jp/audio-dl/11340.html
② ①のページにアクセスし、
シリアルコード「11340」を入力して「確定」をクリックしてください
③「全音声をダウンロードする」のボタンをクリックしてください
※各トラックごとにストリーミングでも再生できます。
④ zipファイルを解凍し、音声データをご利用ください。

※本サービスは予告なく終了することがあります
※パソコン・スマホの操作に関するお問い合わせにはお答えできません

Contents

3章　ネイティブなら12歳までに覚える ～言えたら差がつく24型(パターン)～

STAFF
デザイン：大場君人
イラスト：大野文彰
DTP：朝日メディアインターナショナル
校正：ぷれす
音声収録：ユニバ合同会社
ナレーション：ドミニク・アレン　堀川さつき
編集協力：本多真佑子

英語が止まらない！理由（ワケ）

本書を使えば、「英語が止まらない！」あなたになれる理由をいくつかご紹介します。

80型（パターン）とは？

Can I...? や I'd love to, but... など、英会話でよく使われる文の出だしのことを、本書では型と書いてパターンと呼んでいます。英会話で必ず役に立つ80の型（パターン）を、ネイティブが覚える順に紹介しています。

型（パターン）で覚えると、英会話力がUPする

英語の勉強を始めよう、英語をイチからやり直そうと思ったとき、まず単語やフレーズから覚える人が多いと思います。ところが、ある程度勉強を進めて知識が増えたとしても、いざ外国人を前にすると、どのように話せばいいのかわからないと、多くの人が悩んでしまいます。「よく

使う単語やフレーズは覚えた。でも覚えたフレーズしか使えない。自分が言いたいことは言えない」という壁に直面するのです。同時に「その次に何を勉強したらいいかわからない」と悩む人が多くいます。私もそのような学習者に数多く出会ってきました。

そんな悩みを持つ人が次のステップに進む方法は「型（パターン）を覚える」こと。そのような人にはまさに「型（パターン）を覚える」ことをおすすめしています。

特に日常英会話では、よく使われる表現やフレーズがだいたい決まっています。そのため、型（パターン）を覚えておけばその後に続く動詞や名詞などを置き換えるだけで、表現の幅がぐんと広がるのです。

つまり、自分の言いたいことを瞬時に英作文して話す力が身につくのですね。出だしでつまずくと沈黙が長くなって余計に話しづらくなってしまいますが、出だしがスムーズだとその後の会話も続きやすくなります。

ネイティブの子どもが覚える順だから、自然に身につく

冒頭でも少し触れましたが、本書は英会話で役立つ80

の型（パターン）をネイティブが覚える順に掲載しています。さらに、その中で「6歳まで」「8歳まで」「12歳まで」「ティーンまで」の4つに大きく分けています。

「6歳までだとたいしたことは話せないんじゃないか…」と思う人もいるかもしれませんが、実際はその逆です。「6歳でもこんな表現まで話せちゃうんだ！」と思うような型（パターン）もあるでしょう。日本でも5、6歳になると、しっかりと自分の意見を言えるようになりますよね。

そんな驚きを感じていただきつつ、「6歳が話しているなら自分だって…」というモチベーションにもしていただきたいなと思います。

そしてなにより、言葉を身につけるのに柔軟な子どもたち、それもネイティブスピーカーが覚える順ということはつまり、英語を習得するのにもっとも自然な順だと考えられます。日本語の習得過程と同じで、シンプルな型（パターン）からより幅のある型（パターン）の順に学んでいくほうが、確実にステップアップできます。

日常英会話で使う型（パターン）は、基本的なものばかりですから10代までに習得することがほとんどです。これは日本語でも同じだと考えるとわかりやすいですね。

年齢とレベルの目安

ネイティブの子どもが覚える順に学習すると効率的だということはおわかりいただけたと思いますが、「それぞれの年齢で、いったいどの程度の英語が話せるんだろう？」と疑問に思うでしょう。本書における簡単な目安を表にしてみました。

6歳まで：英語で困らなくなる基本の20型

・許可を取る
・感謝を伝える
・願望を伝える　など

8歳まで：会話がサクサク進む22型

・確信を伝える
・同意を求める
・提案する　など

12歳まで：言えたら差がつく24型

・断定を避ける
・気持ちを強調する
・意図を説明する　など

ティーン：大人らしさが伝わる14型

・残念な気持ちを表す
・仮定の話をする
・丁寧に断る　など

この本は、私の海外生活・ビジネスでの経験や児童英語指導の経験などに基づいて、型(パターン)と年齢を分類しています。さらに、僕が経営する英語学習塾、GLアカデミアのネイティブスタッフとも話し合い、調整を重ねて、80の型(パターン)を厳選しました。もちろん、ネイティブスピーカーでも環境などによってその習得の度合いには個人差があります。それは日本語ネイティブの子どもでも同じことですね。

穴埋めトレーニングで、定着度がさらにUPする

本書は、それぞれの型(パターン)の使い方をインプットした後、その型(パターン)を定着させるための問題でアウトプットできる構成になっています。問題は全400問。その最大の特長は穴埋めトレーニング式になっていることです。

日本語訳に合うように、空欄に適切な英単語を入れて英文を完成させる形式です。各章で扱っている型(パターン)の一部が必ず空欄になっています。

穴埋めトレーニングをすることで、一度考えるプロセスを踏むため記憶に残りやすい効果があります。事実、心理学の実験でそのことは立証されています。ワシントン大学

の認知心理学者ヘンリー・ロディガー教授と、パデュー大学のジェフリー・カーピキ教授が行った研究では、テスト自体に学習効果があり、単純に覚えようとするよりも一度自分の中で正解は何なのかとあれやこれや試行錯誤するほうが記憶に残る(意味記憶)ことがわかっています。

少し難しいと思われる問題の場合、ページの右端にヒントを入れています。わからないからといってすぐに答えを見るのではなく、難しい問題でもヒントを見て、必ず「考える」プロセスを経てから解答を見るようにしてください。

このように本書には「英語が止まらない！」あなたになれる仕掛けがたくさんあります。効率的な学習で、英会話力をUPしましょう！

塚本亮

ネイティブなら12歳までに覚える80パターンで英語が止まらない!

01 Can I…?

(…してもいいですか?)

Can I have this?
(これ、もらってもいい?)

1 許可を取る型(パターン)

許可を取りたいときに使える型がCan I…?「…してもいいです か?」です。

例 **Can I** eat this? (これ、食べてもいい?)

---

2 Canには主に3つの意味がある

(1) 能力「…できる」を表す

例 He can run fast. (彼は速く走ることができる)

(2) 一般的な可能性「…であり得る」を表す

例 Anyone can make a mistake. (誰でも失敗しうる)

例文のように一般的な可能性(ここでは失敗する可能性)を表します。

(3) 許可「…してもよい」を表す

例 You can take your mask off. (マスクを外してもいいよ)

今回の型で使われているcanの意味です。

---

3 CanとMayの違い

Canよりも Mayのほうがフォーマルです。仲のよい友達や同僚などに使うCanに対して、目上の人や初めて会った人などに使うのがMayです。

Mayは、少し気を遣いながら許可を取るイメージですね。

02 Thank you for...

(…をありがとうございます。)

Thank you for the present.
(プレゼントありがとう。)

1 シンプルに感謝を伝える型(パターン)

Thank you for + [名詞] または [動名詞 (-ing形)] で使います。

forの後に名詞を置く	Thank you for **the present.** (プレゼントをありがとう) Thank you for **the letter.** (手紙をありがとう)
forの後に動名詞を置く	Thank you for **helping me.** (手伝ってくれてありがとう) Thank you for **waiting.** (待ってくれてありがとう)

もう少し具体的に言いたい場合、with + [手伝う内容] を加えます。

例 Thank you for helping me **with the cooking.**
(私の料理を手伝ってくれてありがとう)

例 Thank you for helping me **with my work.**
(私の仕事を手伝ってくれてありがとう)

2 親しい人には、Thanksを使おう

友達や同僚などに使う場合は、Thanks for + [名詞] または [動名詞 (-ing形)] にしてもよいでしょう。

例 **Thanks for** your comment. (コメントをありがとう)

例 **Thanks for** coming. (来てくれてありがとう)

03 Don't be...
(…にならないで。)

Don't be shy.
(恥ずかしがらないで。)

1 「…にならないで」と言う型（パターン）

Don't be shy.(恥ずかしがらないで)、Don't be afraid.(恐れないで)のように「…にならないでよ」と言う型です。
Don't be +［形容詞］で使います。

2 命令形だけど気軽なニュアンス

次の例文のように、［be動詞］+［形容詞］は命令形です。
例 Be kind to others.(他人には親切であれ)

そのため、命令形に否定のDon'tをつけたDon't be...は本来、「…であってはならない」という意味になります。
しかし、実際は「…にならないでよ」と気軽なニュアンスで使います。命令形ですが、命令されているわけではないのです。

3 beを忘れずに

必ずDon'tを使います。Not be +［形容詞］は誤りです。
また、Don'tの後にはbeを忘れないようにしましょう。

Don't be shy.
形容詞
忘れないようにしよう

04 Let's not...

(…するのはやめておこう。)

Let's not go.

(行くのはやめておこう。)

1 Let's...の否定形で「…するのはやめておこう」と言う型(パターン)

Let's not...「…するのはやめておこう」は、Let's...の否定形です。

例 **Let's not** contact each other anymore.
(もうお互いに連絡を取るのはやめよう)

例 **Let's not** overdo it.(無理しすぎないようにしよう)

例 **Let's not** eat too much tonight.
(今夜は食べすぎないようにしよう)

そもそもlet'sは、let usの短縮形です。us(私たち)があるので、「一緒に」という意味が含まれます。

例えば、Let's eat.(さあ、食べましょう)には、みんなで一緒に食べるニュアンスがあります。

---

2 Don't...との違いは?

例 **Let's not** waste our time.
(時間を無駄にしないようにしよう)

例 **Don't** waste your time.(時間を無駄にするな)

Let's not...のほうが「提案」のニュアンスが強いです。

Don't...は「自分の時間を無駄にするな」と、忠告に近いニュアンスが出ます。

05 I'm going to...

(…するつもりです。)

I'm going to play soccer tomorrow.
(明日サッカーするつもり。)

1 すでに決まっている未来を話す型(パターン)

例 **I'm going to** walk there.（そこまで歩いて行きます）
未来について話すときに使うのが、I'm going to... です。
toの後は動詞の原形がきます。

---

2 be going toとwillの違いは?

be going toもwillも、未来について話すときに使います。ただし、be going toは主に「すでに」決まっている事柄に使います。

例 **I'm going** to eat out.（外食するつもり）
この場合、今、外食しようと決めたのではなく、もうすでに外食することを決めていたニュアンスが含まれます。
例 I **will** eat out.（外食しようと思う）
一方でwill は「会話中に決めたこと」に使います。
外食することは、もともと決まっていたのではなく、話の流れで「今」決めたニュアンスです。

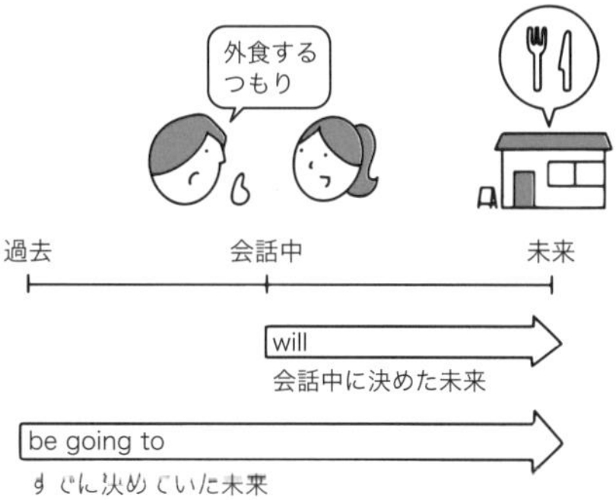

06 Where can I...?

(どこで…できますか?)

Where can I buy that?
(それはどこで買えるの?)

1 自分のしたいことが、どこでできるかを尋ねる型(パターン)

例 **Where can I get a taxi?**（どこでタクシーに乗れますか?）

例 **Where can I use this coupon?**
（このクーポンはどこで使えますか?）

Where can I...?「どこで…できますか?」は、自分のしたいことやすべきことが、どこでできるかを尋ねる型です。

---

2 Where can I...?への答え方

外国人観光客からWhere can I...?で尋ねられることもあるでしょう。答え方の例を知っておくと、非常に便利です!

Go straight until you reach the hospital.
（病院に着くまでまっすぐ行ってください）

Go past a bakery.（パン屋を通りすぎてください）

Turn right at the police station.（交番を右に曲がってください）

It's across from the bank.（銀行の向かい側にあります）

It's next to the post office.（郵便局の隣にあります）

It's in front of a cafe.（カフェの前にあります）

It's behind that park.（あの公園の裏側にあります）

07 I'd like to...

(…したいです。)

I'd like to have more.

(もっとほしいです。)

1 「…したいです」と丁寧に願望を伝える型(パターン)

I'd like to...は、I would like to...の短縮形。「…したいです」「…したいのですが」と丁寧に願望を伝える型です。

like to...は「…するのが好き」。例えば、I like to play the guitar.(ギターを弾くことが好きだ) と使います。

これにwouldをつけると、「…するのが好きなのです」、つまり「…したいと思っているのですが」になります。

2 I'd like to...とI want to...の違いは?

「…したい」と聞くと、want to...が最初に浮かびますよね。

例 **I want to go home.** (家に帰りたい)

例 **I want to eat sushi.** (お寿司が食べたい)

want to...は「それがしたい」「ほしい」と願望をただただ口にする、直接的な表現です。そのため、人を巻き込む場合はwould like to...を使うほうがよいのです。

例えば、お店で注文するときには、I would (I'd) like to buy this. (私はこれを買いたいのですが) と言うと婉曲で丁寧です。

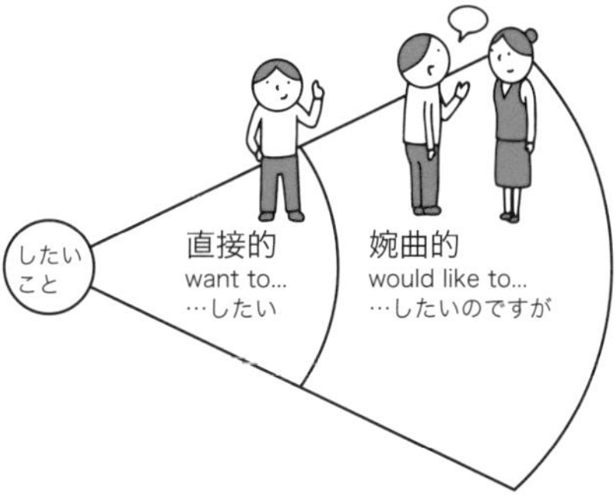

08 Did I...?

(…してしまった?)

Did I finish my homework?
(宿題したっけ?)

1 「…してしまった?」と身に覚えがないことを確認する型(パターン)

友人から「さっき電話くれた?　着信があったんだけど…」と言われても、身に覚えがなければ、「私、電話しちゃった?」と言いますよね。

例 **Did I call you?**
(電話しちゃった?)

このように意図していなかったことや身に覚えがないことを確かめるのが**Did I...?**です。意外とシンプルですよね。

覚えていない・したつもりがないことを確認できる便利な型です。

---

2 Did you...?にすると「…しましたか?」になる

例 **Did you have lunch?**
(昼食は食べましたか?)

Did you...?「…しましたか?」は、過去にしたことを尋ねるシンプルな表現です。

09 How was...?

(…はどうでしたか?)

How was your weekend?
(週末はどうだった?)

1 「…はどうだった?」と尋ねる型(パターン)

How was...?は、終わったことについて「…はどうだった?」と尋ねる型です。何を質問しているのか明確なときは、itを使うこともしばしばあります。

例 A:I went to the new Italian restaurant near the office.
(オフィスの近くにオープンしたイタリアンレストランに行ってきたんだ)
B:How was it?(どうだった?)

---

2 似ている型(パターン) How did...go?も知っておこう

How did...go? という似た型があります。これは、物事の進行を尋ねたいときに使います。

例 **How did** your presentation **go?**(プレゼンはどうだった?)

「プレゼンはどのように進行したの?」つまり「プレゼンはうまくいった(どうだった)?」という意味です。プレゼンがどのように進んだのかを尋ねています。

How was...? はどうであったかという「結果」に重きを置いているのに対し、How did...go? は「進み具合」を尋ねています。

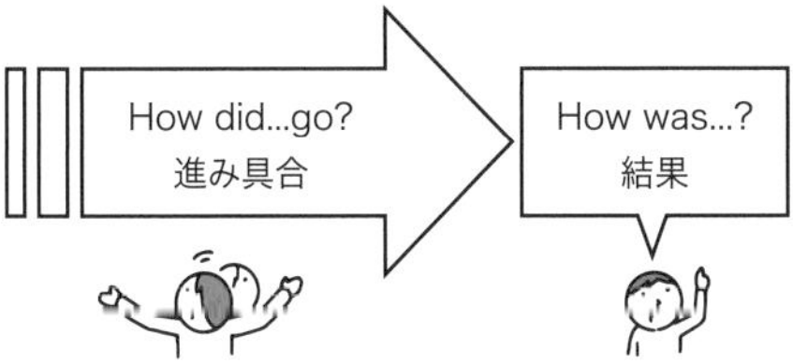

10 Let me...

(…させてください。)

Let me go with you.
(一緒に行かせて。)

1 「…させてください」と相手に気軽に提案する型(パターン)

例 **Let me** think about it.(それについて考えさせてください)
例 **Let me** buy you a drink.(1杯、おごらせてね)

「…させてね」と気軽に提案する型が **Let me...** です。

Let me を直訳すると「私が…するのを許可して」。そこから「…させてね」になります。

---

2 meをherやhimに変えてアレンジできる

let + [人] + [動詞] で、「[人] に…させる」です。

let + me + [動詞] なら「私に…させる」、let + her/him + [動詞] なら「彼女/彼に…させる」となります。

例 I will **let him** know about that.
(彼にそのことを知らせようと思う)

---

3 let me...の後は動詞以外も使える

例 Let me **in**.(私を中に入れて)
例 Let me **out**.(私を外に出して)
例 Let me **through**.(私を通してください)

否定形の **Don't** let me **down**.(私をがっかりさせないで) という表現もあります。

11 I need to...

(…する必要があります。)

I need to study more.
(もっと勉強しなくちゃ。)

1 必要があると言う型

例 **I need to take a break.** (私は休憩を取る必要がある)
「…する必要がある」と言うときに使うのが**need to...**です。
need toの後は動詞の原形がきます。

では、**I need to study more.** は、どのような状況で使うか考えてみましょう。
大学受験に向けて模試を受けたところ、合格のためにはもっと勉強する必要があるとわかった…。そんなときに使うのが**need to...**です。

---

2 have toとの大きな違いは?

まず、上で学んだとおり**need to** は「それをする必要がある」ときに使う型でした。
一方で、**have to** は「外的な圧力や要因によって、それをしなければならない」ときに使います。

I need to study more.
必要性を感じて

I have to study more.
外的要因で

12 Is there...?

(…はありますか?)

Is there a bathroom?
(トイレはありますか?)

1 あるかどうかを尋ねる型(パターン)

例 **Is there** a cafe near here?
(この近くにカフェはありますか?)

例 **Is there** any problem? (何か問題がありますか?)

「…はありますか?」と尋ねる型です。around here「この辺りに」や near here「この近くに」と一緒に使うことが多いです。

---

2 「(人)はいますか?」にもなる

例 Is there **anybody** around? (誰かいませんか?)

Is thereの後には［人］も置けます。

---

3 肯定文にするとThere is...となる

例 **There is** a switch behind the shelf.
(棚のうしろにスイッチがあります)

There is...は「…がある」という肯定文です。

---

4 複数形になるとAre there...?に変わる

例 **Are there** any good restaurants around here?
(この辺りにおいしいレストランはありますか?)

例 **Are there** four people in your family?
(あなたの家族は4人家族ですか?)

13 Are you ready...?

(…［する／の］準備はできていますか?)

Are you ready to go out?
(出かける準備はできてる?)

1 準備ができているか尋ねる型

例 **Are you ready** to run?（走る準備はいいですか？）
「…する準備はできていますか？」と質問する型です。

レストランでは、Are you ready to order? をよく耳にします。Are you ready to order? の直訳は「あなたは注文する準備ができていますか？」。つまり「ご注文はお決まりですか？」という意味です。

---

2 Are you ready の後は、to +［動詞］または for +［名詞］

(1) to +［動詞］がくる場合

例 Are you ready **to travel**?
（旅行へ行く準備はできていますか？）

(2) for +［名詞］がくる場合

例 Are you ready **for your presentation** tomorrow?
（明日のプレゼンの準備はできていますか？）

---

3 I'm ready for...で「待ちきれない」

例 **I'm ready for** summer!（夏が待ち遠しい！）
「夏に向けて準備万端です」が直訳です。

例 **I'm** so **ready for** the weekend.
（週末がとても待ち遠しいです）

so は ready を強調しています。

14 What kind of...?

(どんな…?)

What kind of cake do you like?
(どんなケーキが好き?)

1 「どんな…?」と質問する型（パターン）

例 **What kind of** songs do you listen to?
(どんな歌を聴きますか?)

例 **What kind of** person is he? (彼はどんな人なの?)

「どんな(種類の)…?」と質問するときには**What kind of...?**をうまく使いたいですね。興味を持ったことを質問するだけでなく、相手の好みを聞いて話のきっかけをつくるのにも使えます。

---

2 kind ofの別の意味2つ

kind of...には「…の種類」だけでなく、次のような使い方もあります。

(1)「ちょっと」「少し」

例 It's **kind of** cold. (少し寒いですね)

例 I like her, **kind of.** (彼女のことは好きです、少しね)

(2)「まあね」「そんな感じ」

例 A:Are you in some kind of trouble?
(何か面倒なことが起きたの?)
B:**Kind of.**
(まあ、そんな感じ)

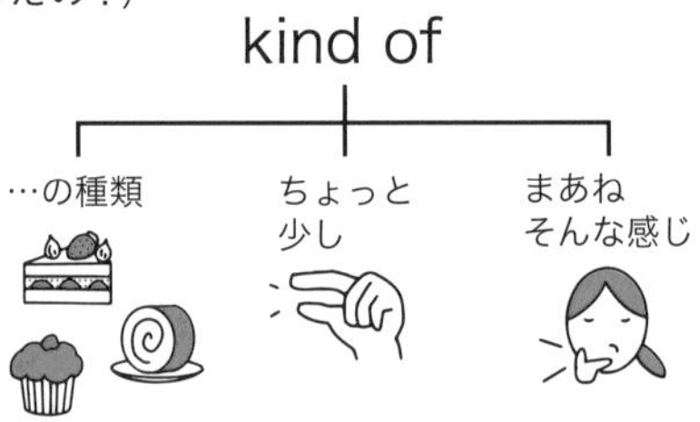

15 When can I...?

(いつ…できますか?)

When can I see you?
(いつ会える?)

1 「いつ…できるか」を尋ねる型（パターン）

例 **When can I start?**
(いつ始められますか?)

例 **When can I receive the tickets?**
(いつチケットを受け取れますか?)

例 **When can I have a break?**
(いつ休憩を取ったらいいですか?)

「いつ…できますか?」と尋ねる型が**When can I...?**です。
canを使っているので、可能性や許可を表す「…できますか?」というニュアンスが込められています。

2 Whenを使ったもっともシンプルな疑問文

例 **When is your birthday?**
(誕生日はいつですか?)

例 **When is convenient for you?**
(ご都合はいつがよろしいですか?)

みなさんもご存じの**When is...?**は、Whenを使ったもっともシンプルな疑問文です。これも使えるようにしておきたいですね。

16 How can I...?
(どうしたら…できますか?)

How can I get to the station?
(どうしたら駅に着けますか?)

1 手段や方法を尋ねる型（パターン）

例 **How can I improve my English?**
(どうしたら英語がうまくなりますか?)

例 **How can I catch a taxi near here?**
(どうしたらこの辺りでタクシーを拾えますか?)

How can I...?は「どうしたら…できますか?」と、手段や方法を質問する型です。

howが「どのように」、canが「できる」という意味なので、How can I ...?で「どうしたら…できますか?」になります。

---

2 お店で耳にするHow can I help you?の意味とは

お店で商品を見ていると、店員にHow can I help you? と声をかけられることがあります。

これは「どのようにお手伝いできますか?」、つまり「どのようなご用件でしょうか?」という決まり文句です。

17 I'm sorry for...

（…してごめんなさい。）

I'm sorry for being late.
（遅れてごめんなさい。）

1 自分がしたことを謝る型（パターン）

例 **I'm sorry for** disappointing you.
（がっかりさせてごめんなさい）

例 **I'm sorry for** my late reply.
（返信が遅くなってごめんなさい）

すでにしてしまったことを謝る型が、I'm sorry for...「…してごめんなさい」です。うしろには［動名詞（-ing形）］か［名詞］がきます。

「…していなくてごめんなさい」と言いたいときは、forの後にnotを置きます。

例 I'm sorry for **not** telling you sooner.
（もっと早くに言わなくてごめんなさい）

---

2 I'm sorry that...という使い方もある

I'm sorry that...の後を［主語］+［動詞］にすることもできます。

例 **I'm sorry that** I disappointed you.
（がっかりさせてしまい、ごめんなさい）

---

3 これからのことに断りを入れるときはtoを使う

例 I'm sorry **to** rush you.
（急かしてすみません）

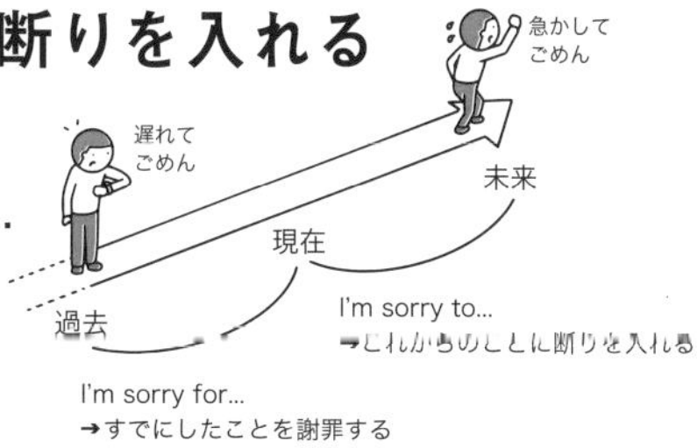
急かして
ごめん
遅れて
ごめん
未来
現在
過去
I'm sorry to...
➔これからのことに断りを入れる
I'm sorry for...
➔すでにしたことを謝罪する

18　I don't know...
（…はわかりません／知りません。）

I don't know **why.**
（なんでかわからない。）

1　質問に「わからない」と答える型（パターン）

例　**I don't know** what to do.（何をしたらいいかわかりません）

例　**I don't know** if it will rain tomorrow.
（明日、雨が降るかどうかは知りません）

おなじみのI don't know...「…はわかりません（知りません）」ですね。

うしろにはwhyやwhat、ifなどと一緒に名詞句や文を置いて使えます。

質問に対してI don't know. と返すと「質問に興味がない」というニュアンスになり、よい印象を与えません。

2　I'm not sure. との違いは？

I'm sure...は「…であると確信している」という意味です。否定形のI'm not sure...は「…であると確信が持てない」「…であるとはっきりとわからない」という意味になります。

例　**I'm not sure** whether he will come.
（彼が来るかどうかは、よくわからない）

例　**I'm not sure** they have it.
（彼らがそれを持っているかは、よくわからない）

I don't know.「わからない」に比べると、「よくわからない」とあいまいなニュアンスになります。

そのため、I don't know. よりもI'm not sure. を使うほうが、やわらかい印象を与えられます。

19 It makes me...

(私を…にしてくれます。)

It makes me **happy.**
(それはぼくを幸せにしてくれる。)

1 「私を…にさせる」と、何かによる自分の状態を表す型(パターン)

例 **It makes me** sick. (それは私を気持ち悪くさせる)

例 **It makes me** tired. (それは私を疲れさせる)

「何かが私を…(状態)にする」と言えるのが、**It makes me...** です。

makeには「つくる」だけでなく、**make** +[人]+[形容詞]で、「[人]を[形容詞]の状態にする」という意味があります。

---

2 It(主語)をアレンジしてみよう

It以外の主語(名詞)を置いてアレンジしてみましょう。

例 **Her smile** makes me happy.
(彼女の笑顔は私を幸せにする)

例 **You** make me calm. (君は私をホッとさせてくれる)

---

3 make +[人]+[動詞]もある

make +[人]+[動詞]の場合、**make**は使役動詞と呼ばれ、「[人]に[動詞]させる」という意味になります。

例 This movie **made** me cry. (この映画は私を泣かせた)

つまり、「この映画で私は泣いた」と解釈できます。

20 I will not...

(…しません。)

I will not forgive you.
(ぼくは君を許さない。)

1 「…しません」と意思を表す型(パターン)

例 **I will not** do it again. (二度としません)
例 **I will not** forget you. (あなたを忘れない)

「…するよ」と自分の意思を伝えるときにはwillを使います。

「…しないよ」と否定の意思を伝えるには、will の否定形 will not (短縮形は won't) を使います。

---

2 notをneverにすると、かなり強い意思になる

例 I will **never** forget you.(あなたのことは絶対に忘れないよ)
例 I will **never** forgive you.
(あなたのことを絶対に許さないからね)

neverを使うと「絶対に(決して)…しない」になり、非常に強い意思を示すことができます。

Exercises

1 本棚を買わないと。
I to buy a .

2 そう感情的にならないで。
Don't so .

3 どんな料理が一番好きですか？
What of food do you like the ?

4 二度としません。
I not it again.

5 ごめんなさいと言いたいです。
I'd to I'm sorry.

6 私は自分のスペイン語に磨きをかけたいと思っています。
I'd to up my Spanish.

Hints

1
本棚を買う必要がある

2
感情＝emotion

3
どんな料理＝どんな種類の料理

4
直訳は「それを再びすることはしない」

5
「言う」は基本的な一般動詞を使えばよい

6
磨きをかける＝○○○○○アップすると日本語でも言う

1 I need to buy a bookshelf.

本棚を買わないと。

need toを使うと、本を収納するスペースがもうなくなっている、など本棚を買う必要性が感じられますね。 ▶型11

2 Don't be so emotional.

そう感情的にならないで。

感情的になっている人には長い言葉をかけてもなかなか伝わらないですよね。英語でもやはり短く伝えることが大事です。 ▶型03

3 What kind of food do you like the most?

どんな料理が一番好きですか?

the mostは「もっとも」という意味で、like the mostで「一番好き」です。What is your favorite kind of food?(お気に入りの食べ物は何ですか?)と言うこともできます。 ▶型14

4 I will not do it again.

二度としません。

直訳「それを再びすることはしない」から「二度としません」という意味です。 ▶型20

5 I'd like to say I'm sorry.

ごめんなさいと言いたいです。

I'd like to sayを使って、**I'd like to say** something.(言いたいことがあります)、**I'd like to say** a few words.(ひと言、述べさせていただきます)もよく使います。 ▶型07

6 I'd like to brush up my Spanish.

私は自分のスペイン語に磨きをかけたいと思っています。

brush upで「(知識や技術の) 磨きをかける」。I need to **brush up on** my English.(英語を勉強し直さないと)のようにbrush up on...とすると「…の勉強をやり直す」という意味になります。 ▶型07

7 アドバイスをもらわないと。

I   to   for advice.

8 どうしたら新しいアカウントを作成できますか？

  can I   a new account?

9 寝る準備はできている？

Are you   to   to bed?

10 情報をシェアしてくれてありがとう。

Thank you   the information with me.

11 決して諦めないよ。

I will   up.

12 この近くに郵便局はありますか？

Is   a post office   here?

13 あのときを忘れない。

I   not   that time.

HINTS

7
- アドバイスをもらう＝アドバイスを求める
- アドバイスをもらう必要がある状況

10
シェアは日本語でも英語でも同じ

11
「諦めない」よりも強い否定

12
この近くに＝ここの近くに

7 I need to ask for advice.

アドバイスをもらわないと。

例えば、1人では太刀打ちできなくなってアドバイスをもらう必要があるときに使います。 ▶型11

---

8 How can I make a new account?

どうしたら新しいアカウントを作成できますか?

accountには「口座」という意味もあり、open an accountで「口座開設する」になりますよ。 ▶型16

---

9 Are you ready to go to bed?

寝る準備はできている?

歯磨きや片付けをしたかを確認しています。toの後は動詞の原形。 ▶型13

---

10 Thank you for sharing the information with me.

情報をシェアしてくれてありがとう。

share + [物] + with + [人] で「[人] に [物] を分け与える、共有する」。Can you share the information with me? (私にも情報を共有してくれますか?) とも言えます。 ▶型02

---

11 I will never give up.

決して諦めないよ。

neverを使って「決して諦めない」と強い否定をしています。諦めそうになる自分を奮い立たせるフレーズですね。 ▶型20

---

12 Is there a post office near here?

この近くに郵便局はありますか?

post officeで「郵便局」。Is there...? はnear here「ここの近くに」やaround here「この辺りに」とよく一緒に使います。 ▶型12

---

13 I will not forget that time.

あのときを忘れない。

will notを使っているので「忘れたくない」意思が伝わります。 ▶型20

14 明日、英語の授業はありますか？

Is ____ English ____ tomorrow?

15 ごめん、起こしちゃった？

Sorry, did ____ ____ you?

16 どこで申し込みができますか？

____ can I ____ up?

17 メアリー、今夜あなたのところに行ってもいい？

Hey Mary, ____ I go ____ to your place tonight?

18 参加しません。

I ____ not ____.

19 傷つけちゃった？

Did ____ ____ you?

20 この本のせいで眠い。

This book ____ me ____.

HINTS

15
起こしちゃった？＝私はあなたを起こしましたか？

17
友達同士で、許可を取る表現

19
傷つけちゃった？＝私はあなたを傷つけましたか？

20
直訳は「この本は私を眠くさせる」

14 Is there English class tomorrow?

明日、英語の授業はありますか?

「授業」はclass。「(大学などでの専門的な)講義」はlectureです。▶型12

15 Sorry, did I wake you?

ごめん、起こしちゃった?

wakeは「…を起こす」。物音を立てないようにしていたのに、起こしてしまったときに使えますね。▶型08

16 Where can I sign up?

どこで申し込みができますか?

sign upで「申し込む」。sign up for...「…に申し込む」とするとsign up for a course「コースに申し込む」のように使えます。▶型06

17 Hey Mary, can I go over to your place tonight?

メアリー、今夜あなたのところに行ってもいい?

go toではなくgo over toを使うと、よりカジュアルになります。許可を求めるCan I...? とあわせて使うと、親しい関係を表現できますね。▶型01

18 I will not participate.

参加しません。

will notを使っているので「参加しない」という意思が伝わりますね。participateで「参加する」。▶型20

19 Did I hurt you?

傷つけちゃった?

hurtは「(身体的・精神的に)…を傷つける、怪我をさせる」。▶型08

20 This book makes me sleepy.

この本のせいで眠い。

直訳は「この本が私を眠くさせる」。つまり「この本が退屈だ(退屈で眠くなる)」と言っています。▶型19

Exercises

21 過去の過ちにこだわらないようにしよう。

Let's dwell on mistakes.

22 何をしたらいいかわかりません。

I don't what do.

23 やりすぎちゃった？

Did go far?

24 どうしたらこれらのアプリをアンインストールできますか？

can I these applications?

25 この問題についてのあなたの意見を聞かせてください。

me your opinion on this matter.

26 どこで土産店を見つけることができますか？

can I find a shop?

Hints

21
dwell onを「こだわる」と訳している

22
直訳は「何をすべきかわかりません」

23
やりすぎ＝度を超える＝行きすぎる

24
アンインストール＝アン＋インストール

25
on this matter で「この問題についての」

26
土産なので、giftではない

21 Let's not **dwell on past mistakes.**

過去の過ちにこだわらないようにしよう。

dwell on...で「…について思い続ける」。過ちなどのネガティブなことを「くよくよ考える、引きずる」ニュアンス。 ▶型04

---

22 I don't know **what to do.**

何をしたらいいかわかりません。

what to doで「何をすべきか」「すべきこと」という名詞をつくっています。 ▶型18

---

23 Did I **go too far**?

やりすぎちゃった?

go far は物理的に「遠くに行く」ではなく、程度の問題として「大いにやる」という意味。tooがついてgo too farで「やりすぎる」となります。 ▶型08

---

24 How can I **uninstall these applications**?

どうしたら**これらのアプリをアンインストール**できますか?

un「アン」+install「インストールする」でuninstallです。「アプリ」はapplicationと言わないと通じません。 ▶型16

---

25 Let me **hear your opinion on this matter.**

この問題についてのあなたの意見を聞かせてください。

matterは「問題」。「…を教えてください」と言いたい場合は、Let me **know**...となります。 ▶型10

---

26 Where can I **find a souvenir shop**?

どこで**土産店を見つけることが**できますか?

souvenirは「旅や思い出の記念品・お土産」という意味です。 ▶型06

27 私はこの歌で幸せになれる。

This song _____ me _____ .

28 あなたにお伝えする必要があります。

I _____ to tell you _____ .

29 同僚の光太郎を紹介させてください。

_____ me _____ Kotaro, my colleague.

30 映画はどうだった？

_____ was the _____ ?

31 試験の準備はできている？

Are you _____ the exam?

32 お気遣いをありがとうございます。

Thank you _____ your _____ .

33 試験結果はどうだった？

_____ was the _____ ?

HINTS

27
直訳は「この歌は私を幸せにしてくれる」

28
お伝えする必要が…＝あることをお伝えする必要が…

29
「同僚の光太郎」は英語では「光太郎、私の同僚」となる

32
名詞や動名詞の前の前置詞は…？

27 This song makes me **happy.**

私はこの歌で**幸せに**なれる。

好きな理由を説明するのによいフレーズですね。直訳は「この歌は私を幸せにしてくれる」です。 ▶型19

---

28 I need to **tell you something.**

あなたにお伝えする必要があります。

need toなので必要性があるときに使うフレーズです。 ▶型11

---

29 Let me **introduce Kotaro, my colleague.**

同僚の光太郎を紹介させてください。

他己紹介するときに便利なのがLet me introduce + [人]。「役職や立場」を言うときは「名前」の後に置きます。 ▶型10

---

30 How was **the movie**?

映画はどうだった?

映画のタイトルを使って How was Spider-Man? (スパイダーマン、どうだった?) としてもいいですね。 ▶型09

---

31 Are you ready **for the exam**?

試験の準備はできている?

勉強だけでなく、心の準備ができているかというニュアンスも含みます。準備する対象が名詞なのでforを使います。 ▶型13

---

32 Thank you for **your concern.**

お気遣いをありがとうございます。

concernは「気遣い、配慮、心配」です。もう少し硬い表現にするならappreciateを使ってWe appreciate your concern. (ご配慮に感謝します) と言います。 ▶型02

---

33 How was **the test**?

試験結果はどうだった?

testは、spelling test (スペルテスト) のような小さい試験を、examinationは、重要度の高い試験を指します。 ▶型09

34 外食するつもりだ。

I'm　　　to　　　out.

35 ご迷惑をおかけしてすみません。

I'm sorry　　the　　　　.

36 けちけちするなよ。

Don't　　　　.

37 もう二度と泣かない。

I will　　　　　again.

38 来年、パスポートを更新しないといけない。

I　　　to　　　　my passport next year.

39 どこで、その書類を受け取れますか？

　　　can I　　　　those documents?

40 悲しまないで。

Don't　　　　.

Hints

34
外食する＝外で食べる

35
ご迷惑＝ご不便

36
けちけちする＝「けちな」という形容詞

38
パスポートを更新する必要がある

39
document (s) ＝書類

40
「悲しむ」は形容詞

34 I'm going to eat out.

外食するつもりだ。

eat outは「外で食べる」、つまり「外食する」。eat outsideだと「屋外で食べる」。I'm going to **go out to eat**. とも言えます。 ▶型05

---

35 I'm sorry for the inconvenience.

ご迷惑をおかけしてすみません。

convenienceで「便利」、その逆がinconvenienceで「不便」。決まり文句なので覚えておきたいですね。 ▶型17

---

36 Don't be stingy.

けちけちするなよ。

stingyには「けちな」というネガティブな意味が含まれます。スティンジィのように発音します。 ▶型03

---

37 I will never cry again.

もう二度と泣かない。

neverで強い否定を表現しています。 ▶型20

---

38 I need to renew my passport next year.

来年、パスポートを更新しないといけない。

パスポートを更新する必要があるのでneed toを使います。renewは「更新する」という意味です。 ▶型11

---

39 Where can I receive those documents?

どこで、その書類を受け取れますか?

receiveはgetを使ってもよいです。 ▶型06

---

40 Don't be sad.

悲しまないで。

試合で負けた人にDon't be sad. You can always win the next game.（悲しまないで。次の試合ではきっと勝てるよ）と言えるとよいですね。sadは形容詞なのでbeを忘れずに。 ▶型03

41 新しいバイクを買うつもりだよ。

I'm ______ to ______ a new bike.

42 面接の準備はできている?

Are you ______ the interview?

43 どこで携帯の充電ができますか?

______ can I ______ my phone?

44 たくさんの思い出をありがとうございます。

Thank you ______ many ______.

45 あなたがパーティに来るかどうかを教えてね。

______ me ______ if you are coming to the party.

46 いつ昼食が取れますか?

______ can I ______ lunch?

47 カップケーキを焼くよ。

I'm ______ to ______ cupcakes.

HINTS

44
「思い出」は「記憶」と同じ単語

45
教えて＝私に知らせて

41 I'm going to **buy a new bike.**

新しいバイクを買うつもりだよ。

「今週末は何をするの?」と聞かれたとき、すでにバイクを買いに行くことが決まっていたらbe going toを使いましょう。 ▶型05

---

42 Are you ready **for the interview**?

面接の準備はできている?

interviewは「面接」。準備する対象が名詞なのでforを使います。 ▶型13

---

43 Where can I **charge my phone**?

どこで**携帯の充電が**できますか?

「充電する」はchargeです。カフェなどで使えますね。 ▶型06

---

44 Thank you for **many memories.**

たくさんの思い出をありがとうございます。

memoryには「記憶、記憶力」の他、「思い出」という意味もあります。a place full of memories「思い出深い場所」、make lots of memories「たくさんの思い出をつくる」のように使います。 ▶型02

---

45 Let me **know if you are coming to the party.**

あなたがパーティに来るかどうかを教えてね。

knowの後に、if + [主語] + [動詞] という節を置いています。「[主語] が [動詞] するかどうか」という意味になります。 ▶型10

---

46 When can I **have lunch**?

いつ**昼食が取**れますか?

いつ昼食が取れるのかわからない様子が伝わりますね。 ▶型15

---

47 I'm going to **bake cupcakes.**

カップケーキを焼くよ。

bakeは、bake cookies「クッキーを焼く」、bake an apple pie「アップルパイを焼く」のように使います。 ▶型05

48 あなたの家にいつ遊びに行ってもいい？

can I 　　your house?

49 事を急がないようにしよう。

Let's 　　into things.

50 いつまた会えるの？

can I 　　you again?

51 わがままで、すみませんでした。

I'm sorry 　　selfish.

52 彼らはどんな人ですか？

What 　　of people 　　they?

53 悲しい思いをさせてごめんなさい。

I'm sorry 　　you sad.

54 このペットボトルは、どこに捨てればいい？

can I throw 　　this plastic bottle?

Hints

48
家に遊びに行く＝家を訪ねる

49
急がないようにしよう＝急ぐのはやめておこう

51
わがままで＝わがままであること

52
どんな人＝どんな種類の人

53
悲しい思いをさせて＝あなたを悲しくさせて

48 When can I visit your house?

あなたの家にいつ遊びに行ってもいい?

このcanは可能性ではなく許可を表しています。 ▶型15

---

49 Let's not rush into things.

事を急がないようにしよう。

rush into...は「…になだれ込む、焦って…する」です。rush into thingsで「焦って物事を進める」という意味になります。 ▶型04

---

50 When can I see you again?

いつまた会えるの?

よく使われる表現です。このcanは会える可能性を尋ねています。 ▶型15

---

51 I'm sorry for being selfish.

わがままで、すみませんでした。

selfishは「わがままな」。forの後は動名詞(being selfish)にします。 ▶型17

---

52 What kind of people are they?

彼らはどんな人ですか?

グループに所属する人たちを紹介してもらうときに使えます。 ▶型14

---

53 I'm sorry for making you sad.

悲しい思いをさせてごめんなさい。

make + [人] + [形容詞] で「[人] を [形容詞] にする」。「あなたを悲しくさせる」が直訳です。forの後は動名詞(making)にします。 ▶型17

---

54 Where can I throw away this plastic bottle?

このペットボトルは、どこに捨てればいい?

plastic bottleは「ペットボトル」。throwだけでも「捨てる」の意味を持ちますが、「投げる」など他の意味もあるので、明確に「捨てる」と言いたいときは、throw awayにするとよいです。 ▶型06

55 乾杯の音頭を取りたいのですが。

I'd ____ to ____ a toast.

---

56 同じものを注文できますか？

____ I ____ the same thing?

---

57 手伝ってくれてありがとうございます。

Thank you ____ ____ me.

---

58 彼女は私を怒らせた。

She ____ me ____ .

---

59 どんな仕事をしているのですか？

What ____ of ____ do you do?

---

60 どうしたらこれを返品して返金を得られますか？

____ can I ____ this and get a refund?

---

61 祖父母に会いに行く予定です。

I'm ____ to ____ my grandparents.

Hints

55
乾杯の音頭を取る＝乾杯を提唱する

56
カジュアルなファストフード店などで使う

57
前置詞の後は名詞か動名詞

59
どんな仕事＝どんな種類の仕事

60
返品することと返金を得ることがandで並列している

55 I'd like to propose a toast.

乾杯の音頭を取りたいのですが。

propose a toastで「乾杯の音頭を取る」。乾杯する相手を付け足したいときは、propose a toast **to them**（**彼らのために**乾杯する）のように言います。 ▶型07

56 Can I have the same thing?

同じものを注文できますか？

ファストフード店やカジュアルなレストランではCanでもOK。 ▶型01

57 Thank you for helping me.

手伝ってくれてありがとうございます。

Thank you for helping me **with my homework.**（**宿題を**手伝ってくれてありがとう）のように、with +［手伝ってくれたこと］を加えると具体的に言えます。 ▶型02

58 She made me mad.

彼女は私を怒らせた。

madはangryでもOKです。「怒らせた」なので、過去形のmadeにします。 ▶型19

59 What kind of work do you do?

どんな仕事をしているのですか？

workはjobでもよいですが、jobはより具体的な職業を指します。 ▶型14

60 How can I return this and get a refund?

どうしたらこれを返品して返金を得られますか？

refundは「返金」。「返品する」は「返却する」の意味もあるreturnを使えばOKです。オンラインショッピングで使えそうですね。 ▶型16

61 I'm going to see my grandparents.

祖父母に会いに行く予定です。

grandparentsで「祖父母」。ちなみに、曽祖父母はgreatをつけてgreat grandparentsです。 ▶型05

62 面接をそんなに不安がらないで。

Don't about the interview.

63 電車のチケットはどこで買えますか？

can I a train ticket?

64 やりすぎないようにしよう。

Let's overboard.

65 いつ結果を得られますか？

can I the result?

66 彼らとうまくやっていく方法がわからない。

I don't to get along with them.

67 何か問題はありますか？

Is problem?

68 これ、ちょっと食べていい？

I eat of this?

Hints

62
不安がる＝心配する

63
買えますか？＝買うことができますか？

64
overboardは「船外に」。やりすぎ＝度がすぎて船外に行く

65
result＝結果

66
うまくやる方法＝どうやってうまくやるのか

68
「ちょっと」は「全体のいくつか」

62 Don't be worried about the interview.

面接をそんなに不安がらないで。

この後にYou will be fine.（あなたは大丈夫だよ）とひと言加えると、非常に優しい声かけになります。 ▶型03

---

63 Where can I buy a train ticket?

電車のチケットはどこで買えますか?

旅行先で使えるフレーズですね。 ▶型06

---

64 Let's not go overboard.

やりすぎないようにしよう。

overboardは「船外に」。go overboardで「度がすぎて船から水中に落ちる」、つまり「やりすぎる、言いすぎる」。He tends to **go overboard**.（彼はやりすぎる傾向がある）のように使います。 ▶型04

---

65 When can I get the result?

いつ結果を得られますか?

resultは、試験や検査の結果に使います。 ▶型15

---

66 I don't know how to get along with them.

彼らとうまくやっていく方法がわからない。

get along with... で「…と仲よくやっていく」。また、how to...で「どうやって…するか」、つまり「…する方法」です。 ▶型18

---

67 Is there any problem?

何か問題はありますか?

疑問文でany problemを使うと「何か問題」。議論すべき問題にはissueを、解決されるべき問題にはproblemを使います 。 ▶型12

---

68 Can I eat some of this?

これ、ちょっと食べていい?

eatでもhaveでもOK。haveは飲み物にも使えます。some of...で「…のちょっと」。 ▶型01

69 早とちりしないようにしよう。

Let's jump the .

70 何かお手伝いできることはありますか?

Is anything I can help ?

71 このにおいのせいでお腹が減る。

This smell me .

72 どうしたら痩せられますか?

can I weight?

73 十分に説明ができていなくて、ごめんなさい。

I'm sorry not sufficiently.

74 ちょっと手伝ってもらえる?

I you for a second?

75 休暇はどうだった?

was your ?

Hints

69
早とちり＝フライング＝銃声より先に飛び出す(jump)

71
直訳は「このにおいは私を空腹にさせる」

72
痩せる＝体重を減らす

73
説明する＝explain

74
(私を)手伝う＝help meと考えがちだが、I you なので「あなたを借りる」と考える

69 Let's not **jump the gun.**

早とちりしないようにしよう。

銃声（gun）より早く飛び出す（jump）ことから、jump the gunで「フライングする」。そこから「早とちりする」という意味に。 ▶型04

70 Is there **anything I can help with**?

何かお手伝いできることはありますか?

help A with Bで「AのBを手伝う」。ここではIs there anything I can help (you) with? のyouが省略されています。 ▶型12

71 This smell makes me **hungry.**

このにおいのせいで**お腹が減る**。

「このにおいは私を空腹にさせる」が直訳。つまり「このにおいのせいでお腹が減る」ということです。 ▶型19

72 How can I **lose weight**?

どうしたら**痩せ**られますか?

lose weightで「痩せる」。「太る」はgain weightやget fatです。 ▶型16

73 I'm sorry for **not explaining sufficiently.**

十分に説明ができていなくて、ごめんなさい。

sufficientlyは「十分に」。notはforの後に置きます。動詞のexplain「説明する」は動名詞（explaining）にしましょう。 ▶型17

74 Can I **borrow you for a second**?

ちょっと手伝ってもらえる?

borrowは「借りる」なので「ちょっとあなたを借りてもいいですか?」が直訳です。 ▶型01

75 How was **your vacation**?

休暇はどうだった?

vacationは「休暇」。イギリスでは休暇全般をholidayと言い、アメリカでは「祝日」をholiday、「休暇」をvacationと使い分けます。単なる休みはday offです。 ▶型09

76 お役に立つことができなくてごめんなさい。

I'm sorry ____ not being ____ to help you.

---

77 それはどんなお店ですか？

What ____ of shop ____ that?

---

78 私は彼について詳しくは知りません。

I don't ____ ____ about him.

---

79 足を踏んじゃった？　ごめん！

Did ____ ____ on your foot? Sorry!

---

80 どこでチケットが買えるかわからない。

I don't ____ ____ I can buy tickets.

---

81 失敗は私を強くしてくれた。

Failures ____ me ____.

---

82 旅行はどうだった？

____ was your ____?

Hints

76
お役に立つことができなくて＝助けることができなくて

77
どんなお店＝どんな種類のお店

78
詳しくは知りません＝多くは知りません

79
踏みつける＝…の上を踏み出す

80
どこでチケットが買えるか＝私がチケットを買えるのはどこか

81
failuresは「失敗」

76 I'm sorry for not being able to help you.

お役に立つことができなくてごめんなさい。

be able to...「…できる」は動名詞 (being able to) にします。I'm sorry for + **not** + [動名詞] の語順に気をつけてください。 ▶型17

---

77 What kind of shop is that?

それはどんなお店ですか?

直訳は「それはどんな種類の店ですか?」。つまり「どんなお店ですか?」という意味です。 ▶型14

---

78 I don't know much about him.

私は彼について詳しくは知りません。

直訳は「彼について多くを知りません」。muchの位置に注意。 ▶型18

---

79 Did I step on your foot? Sorry!

足を踏んじゃった? ごめん!

step onで「…を踏みつける」。ちなみにfoot「足」は足首から足の先まで、leg「脚」は足首から太ももまでのことです 。 ▶型08

---

80 I don't know where I can buy tickets.

どこでチケットが買えるかわからない。

where以降の [主語] + [動詞] という語順に注意しましょう。 ▶型18

---

81 Failures made me strong.

失敗は私を強くしてくれた。

失敗があったからこそ、強い自分になれたということです。failuresを主語にして、Failures made me wise. (失敗は私を賢くしてくれた) も言えるとかっこいいですね。 ▶型19

---

82 How was your trip?

旅行はどうだった?

具体的に尋ねたいときは、How was your trip **to Fukuoka**?のようにto + [旅行先] を加えます。 ▶型09

83 日本ではどんな音楽が人気ですか？

What　　　of music is
in Japan?

---

84 あなたには教えません。

I'm　　　to tell you.

---

85 あなたの将来の計画について伺いたいです。

I'd　　　to ask　　　your
future plans.

---

86 コートを預からせてください。

　　　me　　　your coat.

---

87 彼らのうち誰一人知らない。

I don't　　　of them.

---

88 元気づけてくれてありがとうございます。

Thank you　　　me up.

---

89 食べる準備はできていますか？

Are you　　　to　　　?

Hints

83
どんな音楽＝どんな種類の音楽

85
尋ねる相手は明らかなので2回言わなくてOK

86
コートを預かる＝コートを（手に）取る

88
前置詞の後は名詞か動名詞

83 What kind of music is popular in Japan?

日本ではどんな音楽が人気ですか?

musicをfoodやmoviesに変えて応用できます。ただしmoviesのときは、isを複数形areにしましょう。 ▶型14

---

84 I'm not going to tell you.

あなたには教えません。

I'm going toの否定形でI'm **not** going to...です。相手と話す前から教えないと決めていたニュアンスです。 ▶型05

---

85 I'd like to ask about your future plans.

あなたの将来の計画について伺いたいです。

ask + [人] + about...で「…について[人]に尋ねる」。ここではyour future plansとあり、相手(you)が明らかなので省略されています。 ▶型07

---

86 Let me take your coat.

コートを預からせてください。

お客様が家や会社に来たときに使えます。Let me carry your bag.(カバンをお持ちしますよ)も覚えておきましょう。 ▶型10

---

87 I don't know any of them.

彼らのうち誰一人知らない。

not + anyで「何もない」。「彼らのいずれも知らない」、つまり「彼らのうち誰一人知らない」という意味になります。 ▶型18

---

88 Thank you for cheering me up.

元気づけてくれてありがとうございます。

cheer up...「…を元気づける」。注意したいのはcheer + [人を表す代名詞] + upという語順です。forの後は動名詞(cheering)。 ▶型02

---

89 Are you ready to eat?

食べる準備はできていますか?

料理ができて後はテーブルに並べるだけ、というときに言うと「席についてね」というニュアンスも感じられます。 ▶型13

90 鉛筆を借りてもいいですか？

I ____ a pencil?

---

91 あなたが帰る（出かける）とき、教えてね。

____ me know ____ you leave.

---

92 何か食べられないものはありますか？

Is ____ anything you ____ eat?

---

93 買い物に行く準備はできている？

Are you ____ to ____ shopping?

---

94 新しいパソコンを買わないといけない。

I ____ to ____ a new computer.

---

95 あなたの頑張りに感謝したいと思います。

I'd ____ to thank you for your hard ____.

HINTS

90
鉛筆を借りるのは、無料？　有料？

91
帰る（出かける）とき＝帰る（出かける）のがいつか

92
食べられないもの＝食べることができないもの

94
誰かに言われたのではなく必要性がある状況

95
頑張り＝一生懸命な仕事

90 Can I borrow a pencil?

鉛筆を借りてもいいですか?

borrowは「無料で借りる」で、rentは「お金を払って借りる」という意味。レンタカーはa rental car（rentalはrentの形容詞）と言います。lendは「貸す」で逆の意味なので混同しないように。 ▶型01

91 Let me know when you leave.

あなたが帰る（出かける）とき、教えてね。

when you leaveで「帰る（出かける）とき」。「帰る（出かける）とき、私に知らせて」、意訳すると「帰りがけに声をかけてね」。 ▶型10

92 Is there anything you can't eat?

何か食べられないものはありますか?

anything「何か」を説明しているのが、you can't eat「あなたが食べられない」です。 ▶型12

93 Are you ready to go shopping?

買い物に行く準備はできている?

go +［動名詞（ing形）］は、go swimming「泳ぎに行く」、go camping「キャンプに行く」のように使えます。 ▶型13

94 I need to buy a new computer.

新しいパソコンを買わないといけない。

今使っているものの調子が悪くなってきた、など買う必要があるのでしょう。 ▶型11

95 I'd like to thank you for your hard work.

あなたの頑張りに感謝したいと思います。

Thank you for...（▶型02）より丁寧な表現。
I'd like to thank **my colleagues** for their hard work.のようにyouを具体的にする（ここでは同僚）と、スピーチで使える表現になります。 ▶型07

96 あまり期待しすぎないようにしようね。

Let's expect much.

97 大学での初日はどうだった？

was your day at college?

98 どうしたらマドリード行きのチケットを買えますか？

can I a ticket for Madrid?

99 私、何か変なことを言いましたか？

Did say wrong?

100 遅れちゃダメだよ。

Don't .

HINTS

96
期待しすぎないように
＝期待しすぎることを
しないように

99
こう尋ねるときはたいてい、相手がYes.と答えるはず

100
「遅れる」は形容詞

96 Let's not expect too much.

あまり期待しすぎないようにしようね。

expectは「期待する」。何かに期待しすぎている人に言ってあげたいフレーズですね。 ▶型04

---

97 How was your first day at college?

大学での初日はどうだった?

感想を尋ねる表現です。仕事であれば、How was your first day **at work**?(職場での初日はどうだった?)と言います。 ▶型09

---

98 How can I buy a ticket for Madrid?

どうしたらマドリード行きのチケットを買えますか?

buy a ticket for...で「…行きのチケットを買う」です。「電車の切符を買う」はbuy a train ticketでよいです。 ▶型16

---

99 Did I say something wrong?

私、何か変なことを言いましたか?

何かおかしな雰囲気を感じ取ったときに使えるフレーズ。疑問文なのにanythingではなくsomethingを使うのは、相手からのYesを想定しているためです。 ▶型08

---

100 Don't be late.

遅れちゃダメだよ。

大事な予定のリマインドにもなる表現。このフレーズの後にThe party starts at 7p.m.(パーティは午後7時から始まるよ)など、ひと言加えられるとよいですね。late「遅れる」は形容詞なのでbeを忘れずに。 ▶型03

21 It can't be...

(…であるはずがない。)

It can't be true.
(そんなのあり得ないよ。)

1 可能性がゼロだと思うときに使える型（パターン）

例 **It can't be** that bad.（そんなに悪いはずがないよ）

「…の可能性はゼロ」だと思うときに使える型です。

信じられないことを耳にしたときに、**It can't be true.**（そんなのあり得ないよ）と使えます。

---

2 canの否定形、can'tの意味とは?

can'tにはいくつかの意味があります。

(1)「能力」を否定する

もっとも使われるのは、**I can't speak French.**（フランス語は話せません）のように、「能力」を否定する**can't**です。

(2)「可能性」を否定する

今回の型は、「可能性」の否定として**can't**を使っています。この場合、「その可能性はゼロだろう」ということを示す、かなり強い否定になります。

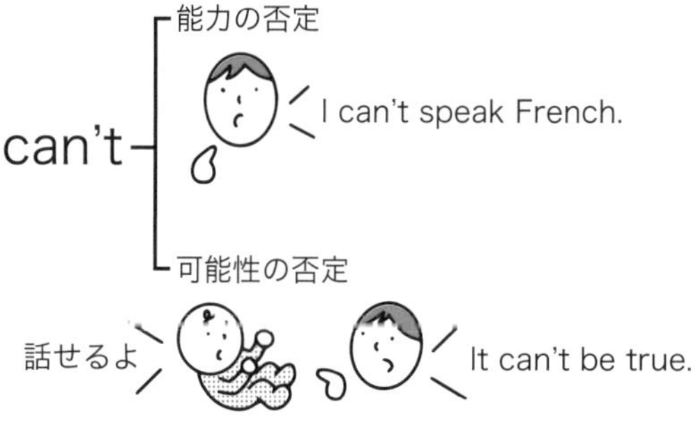
can't
能力の否定
I can't speak French.
可能性の否定
話せるよ
It can't be true.

22 You must be...

(…に違いない／絶対…でしょう。)

You must be sleepy.
(絶対、眠いでしょ。)

1 「絶対…でしょう」と強い確信を表す型（パターン）

「絶対…でしょう」と、強い確信を表す型がYou must be...です。
mustには「…に違いない」という意味があり、日常的によく使われます。

例 **You must be tired.**（絶対、疲れたでしょ）
大事なプレゼンが終わった人に対して使えます。

例 **You must be sleepy.**（絶対、眠いでしょ）
眠そうにしている人に対して使えます。

「疲れたでしょ」「眠いでしょ」は、文脈次第では、気遣いの言葉として使われることも多いです。

---

2 初対面の人に声をかけるときにも使える

初めて会う前に、すでにSNSで相手と知り合いだったり、ネット上で相手の顔写真を見て知っていたりする場合も、最近は多いですよね。
いざ、初めて会うときの「あ、あの人が○○さんだ！」にも、今回の型が使えます。

例 **You must be Nicole.**
（あなたが、ニコールさんね［ニコールさんに違いない］）

23 Do I have to...?

(…しなければいけませんか?)

Do I have to buy this?
(これ、買わないとダメ?)

1 「…しなければダメ?」と言う型（パターン）

Do I have to...?は「…しなければなりませんか?」。

もう少しくだけた言い方をすると「…しなければダメなの?」という意味の型です。

「本当はしたくないけど…」という気持ちが含まれがちです。

2 Must I...?との違い

(1) Do I have to...?

例 **Do I have to** take off my shoes?

(靴を脱がなければいけませんか?)

ルールや取り決めなどによって、靴を脱がなければならないかを確認しています。

(2) Must I...?

例 **Must I** take off my shoes?

(靴を脱がなければいけませんか?)

ルールや取り決めはないけれど、靴を脱いだほうがよい気がして相手に意見を求めています。

3 Do I have to?だけでも使える

何を指しているか明確なときは、Do I have to?(やらなきゃいけないの?)だけでも使えます。

例 A：この書類も提出してくださいね。

B：Oh, **do I have to?**(え、出さないといけないの?)

24 Don't you think...?

(…だと思いませんか?)

Don't you think so?
(そうだと思わない?)

1 同意を求める型(パターン)

Don't you think...?は、同意を求めるのに便利な型です。

例 **Don't you think so?** (そう思わない?)

---

2 Do you think...?との違い

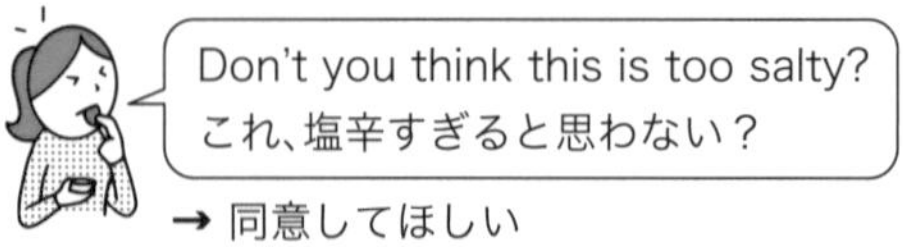
Don't you think this is too salty?
これ、塩辛すぎると思わない?

→ 同意してほしい

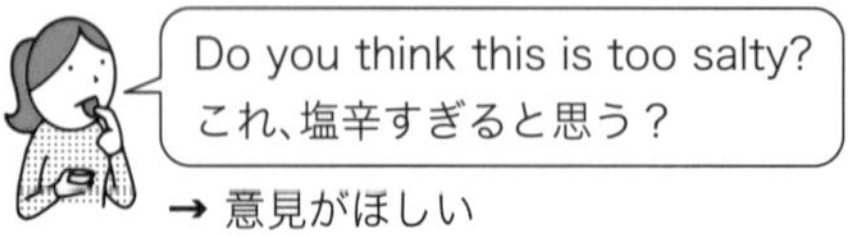
Do you think this is too salty?
これ、塩辛すぎると思う?

→ 意見がほしい

最初の文は、話し手自身がその料理を「塩辛すぎ」だと思っていて同意を求めるニュアンスがあります。

次の文は、単純に「これ塩辛すぎると思う?」と尋ねているだけです。

Don't you think...?のほうが、少し押しつけがましさが出るのです。

---

3 過去形にするとどうなる?

例 **Didn't you think he was lying?**
(彼が嘘を言っていたと思わなかったの?)

Didn't you think...?と過去形で尋ねる場合は、その後の文章も過去形にします。

25 How often do you...?

(どのくらい［の頻度で］…しますか?)

How often do you visit there?
(そこにどのくらい行ってるの?)

1 「どのくらいの頻度で…するか」を尋ねる型（パターン）

「どのくらいの頻度でジムに通っているの?」「どのくらいの頻度で美容室に行っているの?」など、頻度を尋ねる型です。

文脈次第では、How often?（どのくらい?）だけでも使えます。

2 頻度の答え方を覚えよう

毎日	every day	毎月	every month	毎年	every year
1日1回	once a day	1日2回	twice a day	1日3回	three times a day

※dayをweekに変えて「1週間に1回、2回…」、yearに変えて「1年に1回、2回…」と表現できる

2週間に1回	once every two weeks	3週間に1回	once every three weeks
1日おきに	every other day	1週間おきに	every other week
1か月おきに	every other month	1年おきに	every other year

3 アメリカ英語とイギリス英語の発音の違い

アメリカ英語では「オッフン」のような発音で、tは発音しませんが、イギリス英語では「オフトゥン」のようにtを明確に発音します。

26 I forgot to...

(…するのを忘れました。)

I forgot to bring it with me.
(持ってくるのを忘れた。)

1 行為をし忘れたときに使う型（パターン）

forgetのもっともシンプルな使い方は、forget +［物］です。I forgot my homework.（宿題を忘れた）のように使います。この場合は、物を忘れたときに使えます。

一方、I forgot to...は「…するのを忘れた」「…し忘れた」と、行為をし忘れたときに使える型です。

---

2 forget to...とforget ...ingの違い

forgetのうしろはforget to +［動詞］の場合と、forget +［動名詞（-ing形）］の場合があります。

(1) forget to + ［動詞］

例 **I forgot to tell** him that.（彼にそれを伝えるのを忘れた）

伝えなければいけないのに「伝えることを忘れていた」という意味になります。

(2) forget + ［動名詞（-ing形）］

例 **I forgot telling** him that.（彼にそれを伝えたことを忘れた）

「伝えたことを忘れていた」という意味になります。すでに伝えていたことを忘れてしまったのです。

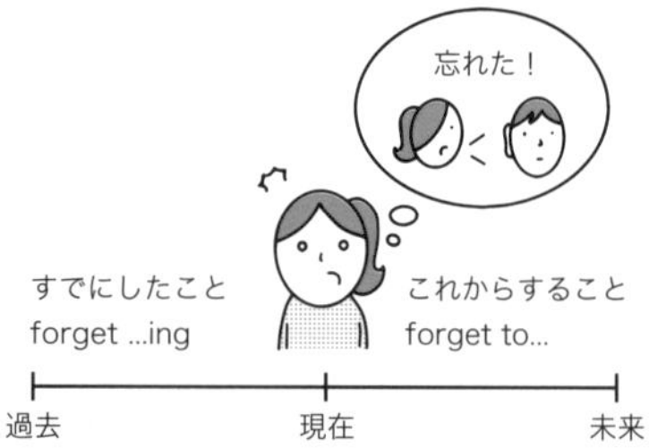

27 I'm looking forward to...

(…が楽しみです。)

1 楽しみな気持ちを表す型(パターン)

楽しみにしている気持ちをストレートに伝える型です。

例えば、久しぶりに会う友達に「来週、会えるのが楽しみ!」と言うときに使います。

I'm looking forward to...の後には、[名詞] もしくは [動名詞(-ing形)] が続くことに注意しましょう。

名詞がうしろにくる	I'm looking forward to **Sunday**! (日曜日が楽しみ!)
動名詞がうしろにくる	I'm looking forward to **going to LA**! (LAに行くのが楽しみ!)

強調したいときは、I'mの後にvery muchを置くこともあります。

例 I'm **very much** looking forward to meeting you.
(あなたに会うのがとても楽しみ)

2 I look forward to...との違いは?

現在進行形 I'm looking forward to... だと気持ちが前のめりでカジュアルな印象です。現在形 I look forward to... だと、落ち着いたフォーマルな印象です。

28 I must...
(…しなければなりません。)

I must practice harder.
(もっと頑張って練習しなければ。)

1 I must...とI have to...の違い

mustとhave to、どちらも義務を表す語です。

have toは外部からの指示などの義務を表す場合が多く、一方、mustは話し手の意思や避けられない状況での義務を表す場合に使われることが多いです。

I must study English.

話し手の意思や
避けられない状況での
「やらなければ」

I have to study English.

補習を受けなければならない、
周りから「やりなさい」と言われて
いる状況での「やらなければ」

2 must notとdon't have toの違いは?

否定形にすると意味がまったく異なることにも注意しておきたいですね。

例 You **must not** wear a jacket.
(ジャケットを着用してはいけません)→禁止

例 You **don't have to** wear a jacket. (▶型30)
(ジャケットを着用しなくても結構です)→不要

29 Why don't you...?

(…してみたらどう?)

Why don't you try this?
(これ、試してみたらどう?)

1 提案する型(パターン)

Why don't you...?はアドバイスを含んだ提案をしたいときに使います。口語的な表現なので同僚や友人に使うのに適しています。

Why don't you...?の直訳は「あなたはなぜ…しないの?」。そこから「なぜしないの?　したらいいのに」というニュアンスをこめて、「…してみたらどう?」になります。

例 **Why don't you** try this?（これを試してみたらどう?）

直訳の「あなたはなぜこれを試さないの?」から、「これを試してみたらどう?」という意味になります。

---

2 Why don't we...?に変えると勧誘する型(パターン)になる

youをweに変えてWhy don't we...?とすると、we（私たち）に対する提案になります。

「私たちと（一緒に）…したらどう?」、つまり「（一緒に）…しませんか?」になります。主語が変わると使うシーンが変わるので注意が必要です。

例 **Why don't we** go to the cinema this evening?
（今夜、映画を観に行かない?）

例 **Why don't we** order pizza today?
（今日はピザを頼まない?）

例 **Why don't we** go abroad during summer vacation?
（夏休みに海外に行かない?）

30 You don't have to...

(…する必要はないです。)

You don't have to do it.
(それをする必要はないよ。)

1 不要を表す型（パターン）

have to「…しなければならない」に、否定のdon'tをつけると「…する必要はない」と不要を表します。

㊀ **You don't have to** join the meeting.
(会議に参加する必要はないよ)

have toは外からの義務を感じているときに使うのでしたね。そのため、don't have toを使うと「会議に参加しないと叱られる」「評価に関わる」などと思っている人に「そんなことはないから、会議に参加する必要はないよ」と伝えられます。

---

2 must notと区別しよう

have toの他に「義務」を表す語に、must（▶型28）がありましたね。

mustの否定形、must notは「禁止」の意味で、強制的なニュアンスがあります。

㊀ You **must not** join the meeting.
(会議に参加してはならない)

don't (doesn't) have toは「不要」なので、mustのほうが強い否定を意味します。

31 Do you know how to...?

(どのように…するか知っていますか?)

Do you know how to get there?
(そこにはどうやって行けばいいか知ってる?)

1 「どのように…するか知っていますか?」と方法を尋ねる型(パターン)

「駅までどのように行けばいいかご存じですか?」「これをどうやって調理するか知っていますか?」のように方法を尋ねる型が、Do you know how to...? です。

Do you know + how toですね。

---

2 Do you know how to...?をアレンジしてみよう

how toを置き換えれば、他のことを尋ねられます。

(1) what (何)

例 Do you know **what to** wear to an interview?
(面接に何を着ていけばいいか知っていますか?)

(2) what time (いつ、何時に)

例 Do you know **what time** we need to leave?
(私たちは何時に出発すればいいかわかる?)

(3) which (どちら、どれ)

例 Do you know **which one to** use?
(どれを使えばいいか知っていますか?)

32 Have you ever...?

(…したことがありますか?)

Have you ever eaten this?
(これ、食べたことある?)

1 これまでの経験を尋ねる型(パターン)

「LAに行ったことはありますか?」など、これまでの経験の有無を尋ねるのが、Have you ever...?です。

例 **Have you ever** been to LA?
(LAに行ったことはありますか?)

goの過去分詞goneは「行ってしまった(もういない)」という意味なので、beenで「行ったことがある」かを尋ねましょう。

2 経験の有無を伝える肯定文と否定文

肯定文	**I have been** there once. (そこには一度行ったことがあります)
否定文	**I have never met** him. (彼に会ったことは一度もありません) **I have never been** there. (そこに行ったことは一度もありません)

once「1回」、twice「2回」のように回数をつけ加えてもよいです。

また、before「以前に」をつけることもできます。

I have eaten Mexican food before.

33 I used to...

（かつて…していたものです。）

I used to live here.
（昔、ここに住んでいたんだ。）

1 過去を振り返って話す型（パターン）

例 **I used to** read 10 books every month.
（以前は月に10冊、本を読んでいたものです）

例 **I used to** fish here.（ここでよく釣りをしたものです）

例 **I used to** play water polo when I was young.
（若かった頃は、よく水球をしました）

過去を振り返って「かつて（昔）は…だった」と言う型です。過去にはしていたけれど、現在はしていないことに使います。

---

2 自分以外のことにも使える

例 **There** used to be a hospital here.
（昔はここに病院があったのですよ）

人だけではなく、物について使うこともできます。

---

3 be used to...との違いに注意しよう

主語とusedの間にbe動詞が入っただけで意味が大きく変わるので注意しましょう。

例 **I'm used to** getting up early.（早起きには慣れています）

例 **I am used to** speaking in public.
（人前で話すのには慣れています）

be used to...は「…には慣れている」（▶型44）という意味です。

34 Excuse me, but...

(すみませんが、…)

Excuse me, but where is the post office?
(すみません、郵便局はどこですか?)

1 前置きすると丁寧になる型(パターン)

そもそもexcuseは動詞で「…を容赦する、許す」という意味。Excuse me.の直訳は「ご容赦ください」です。

突然話しかけるよりも、Excuse me, と切り出すほうが相手への配慮を伝えられるので、丁寧な印象を与えることができます。

例 **Excuse me, but** where is the restroom?
(すみません、お手洗いはどこにありますか?)

話し中や作業中にExcuse me,と話しかける場合は「邪魔してすみません」になり、

見知らぬ人に突然、声をかける場合は「呼び止めてすみません」になり、

くしゃみをした後や、電話が鳴って部屋を退出するときにExcuse me.と言う場合は「失礼」という意味になります。

---

2 疑問形Excuse me?で聞き返すことができる

聞き逃してしまって、もう一度言ってほしいときにはExcuse me?と疑問形にします。

アメリカではExcuse me?やSorry?が比較的多く使われる一方で、カナダではPardon me?やPardon?が多く使われます。

35 Should I...?

(…したほうがいいですか?)

Should I buy this?
(これ、買ったほうがいい?)

1 アドバイスを求める型(パターン)

例 **Should I** wait here?
（ここで待っていたほうがいいですか？）

「…したほうがいい?」と相手にアドバイスを求める型が**Should I...?**です。

助動詞のshouldは、強い命令ではなく軽いアドバイス程度のニュアンスで使います。

例えば、You should go there tomorrow.（明日、そこに行ったほうがいいよ）は、行かなければならない義務ではなく、アドバイスしているニュアンスです。

---

2 Should I...?をアレンジして幅を広げよう

Should I...?の前にwhatやwhereなどの疑問詞を入れて、表現の幅を広げましょう。いずれもアドバイスをもらいたいときに使えます。

例 **Who should I** contact?（誰に連絡すればいいですか？）
※口語ではwhoを使うネイティブも多いが、文法的にはwhomが正しい

例 **How often should I** take this medicine?
（この薬はどのくらいの頻度で飲めばいいですか？）

例 **At what station should I** change?
（どの駅で乗り換えればいいですか？）

例 **What should I** do?（何をすればいいですか？）

36 I feel like ...ing
(…したい気分です。)

I feel like watching a movie.
(映画を観たいな。)

1 したい気分を伝える型（パターン）

㊀ **I feel like** eating curry.（カレーが食べたいな）
㊀ **I don't feel like** going out today.（今日は出かけたくないな）

「…したい気分だな」「…したいな」は、feel like ...ingです。否定形はI don't feel like ...ingとします。

---

2 feel like ...ingとwant to...の違いは?

feel「感じる」+ like「…のように」でfeel like...なので、控えめに希望を伝える印象です。一方、want to...は、want「ほしい」を使っているので、はっきりとした意思表示があります。

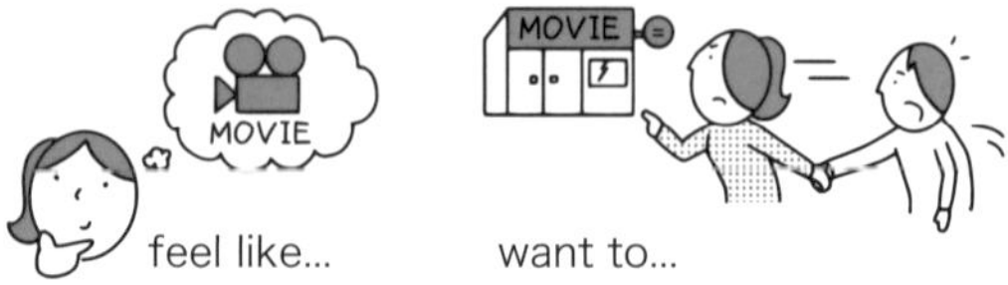

---

3 I feel like +［主語］+［動詞］は意味が変わる

I feel like +［主語］+［動詞］は「…のような気がする」という意味になります。

㊀ **I feel like** it's going to rain.（雨が降りそうな気がする）

つまり、「雨が降りそうだ」という意味です。

37 Until when...?

(いつまで…？)

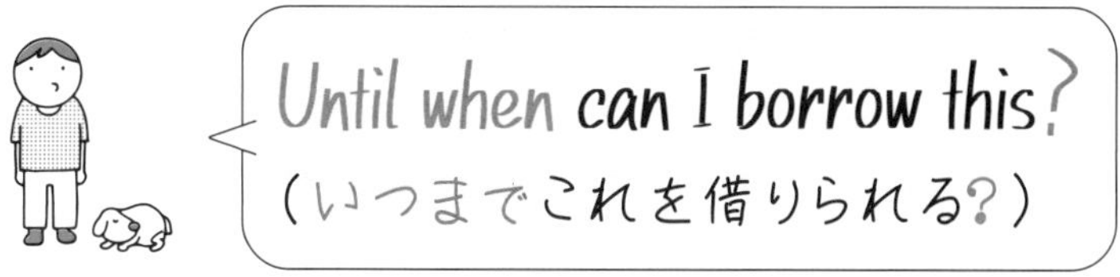

1 その状態がいつまで続くかを尋ねる型（パターン）

例 **Until when will you be in Kyoto?**
（いつまで京都にいますか？）

「いつまで…（ですか）？」と尋ねるのが**Until when...?**です。

そもそも**until**は「…まで（ずっと）」という意味です。例文でも、その状態をいつまで続けるのかを尋ねていますよね。いる（**will be**）状態がいつまで続くのか（**until when**）ということです。

2 By when...?との違いに注意しよう

Until when...?と混同しやすいのが**By when...?**です。**by**は「…（の時点）までに」という意味です。

例 **By when should I reply?**
（いつまでに返事をすればいいですか？）

「いつまで『に』…ですか？」と考えるとわかりやすいですね。動詞に注目すると、続ける動作ではなく、「一度だけする」動作になっています。

38 What do you think of...?

(…をどう思いますか?)

What do you think of this?
(これ、どう思う?)

1 相手に意見を尋ねる型(パターン)

㊀ **What do you think of** my new shoes?
(私の新しい靴をどう思う?)

㊀ **What do you think of** Japan?(日本をどう思いますか?)

What do you think of...?は「…をどう思いますか?」と、相手の意見を尋ねる型です。ofは前置詞なので、ofの後は名詞がきます。

---

2 「どう」だけどHowではなくWhatを使う

「どう思いますか?」の「どう」という日本語訳につられて、How do you think?と言わないようにしましょう。必ず、whatを使います。

How do you think?は「どうやって考えているのですか?」という意味です。

---

3 過去のことを尋ねるときは?

過去の出来事について意見を尋ねるときは、doを過去形のdidにしてWhat did you think of...?と言いましょう。

㊀ What **did** you think of my presentation?
(私のプレゼンをどう思いましたか?)

㊀ What **did** you think of him?
(彼についてどう思いましたか?)

39 I rarely...
（めったに…しません。）

I rarely see her.
（彼女にはめったに会わない。）

1 「めったに…しません」と言う型（パターン）

例 **I rarely go shopping.**（めったに買い物に行きません）
「めったに…しません」と言えるのがI rarely...という型です。rarely「めったに…ない」は頻度を表す副詞で、否定の意味を含んでいます。みなさんもよくご存じの形容詞rare「珍しい」の副詞がrarelyです。

2 主語を変えて、自分以外のことにも使える

主語を変えれば、自分以外の人や物事にも使えます。

例 **He rarely drinks.**（彼はめったに飲酒しない）
例 **That rarely happens.**（それはめったに起こらない）

3 rarelyと似た意味のhardlyやseldom

rarely 頻度を否定	I **rarely** eat cake. （めったにケーキは食べません）
hardly 程度を否定	I **hardly** know her. （ほとんど彼女を知りません）
seldom 頻度を否定	I **seldom** check e-mails. （めったにメールをチェックしません） ※rarelyより少しフォーマル

40 I wonder...

(…なのだろうか／…なのかな。)

I wonder if it's true.
(それは本当なのかなぁ。)

1 少し不思議に思うことに使う型（パターン）

例 **I wonder** how old she is.（彼女って何歳なのかなぁ）

例 **I wonder** if he will come.（彼は来るのかなぁ）

I wonder...は「…なのだろうか」「…なのかな」と不思議に思う気持ちを伝える型です。

そもそも、wonderは「不思議に思う、驚く」という意味の動詞。I wonder...の直訳は「…を不思議に思う」です。そこから「…なのかなぁ」になります。

また、I wonder の後には、ifや疑問詞(why、what、who、where、howなど) + [主語] + [動詞] がきます。

---

2 頼みごとをするときにも使える

丁寧に頼みごとをするときにも、I wonder...は活躍します。

例 **I wonder if** you could help me with the project.
（プロジェクトを手伝っていただけないでしょうか）

I wonder if you could...で「…していただけないでしょうか」です。

例 **I was wondering if** you could give us some advice.
（私たちにアドバイスをいただけないかと思いまして）

I wonder ifを、I was wondering ifに変えて使うこともよくあります。was wonderingと過去進行形になっていますが、「今」の頼みごとに使います。

41　How can you...?

（どうしたら…できるのですか?）

How can you tell?
（どうしたらわかるの?）

1　懐疑的や嘲笑的に「どうしたら…できるの?」と尋ねる型

例　**How can you** be so relaxed?
（よくそんなにリラックスしていられるね）
直訳は「どうしたらそんなにリラックスできるの？」

例　**How can you** say such a thing?
（よくそんなことが言えるね）
直訳は「どうしたらそんなことが言えるの？」

例　**How can you** forgive me?（よく許してくれるね）
直訳は「どうしたら私を許してくれるの？」

How can you...?は、懐疑的・嘲笑的に「どうやって…できるの？」と尋ねる型です。
「よく…できるね」という意味なので、文脈によっては相手に対する批判やいきどおりも感じられます。

2　How can I/we...?にすると

例　**How can I** help you?（どんなご用でしょうか？）
How can I/we...?は「どのように…できますか？」（▶型16）という意味です。
この表現はお店でよく耳にします。「どうすれば、私はお役に立てますか？」が直訳で、「どのようなご用件でしょうか？」になります。
主語によって意味が変わるので注意しましょう。

42 It's too... to～

(…すぎて～できません。)

It's too far to walk there.
(遠すぎて歩けないよ。)

1 「…すぎて～できません」と言う型(パターン)

例 **It's too** small **to** wear.
(小さすぎて着られないよ)

例 **It is too** hot **to** stay here.
(暑すぎてここにはいられない)

「…すぎて～できない」と言えるのが、It's too... to～です。

2 「～にはまだ…すぎるよ」にもなる

例 **It's too** early **to** go to bed.
(寝るにはまだ早すぎるよ)

「～にはまだ…すぎるよ」という意味でも使います。

3 主語を変えてアレンジしてみよう

例 **You** are **too** young **to** succeed.
(君は成功するには若すぎる)

例 **This** is **too** cold **to** drink.
(これは冷たすぎて飲めないよ)

主語を変えて表現の幅を広げてみましょう。

101 夕飯を食べに立ち寄ってみたらどう？
don't you by for dinner?

102 散歩する気になれない。
I don't feel for a walk.

103 渋谷までの行き方を知っていますか？
Do you know to to Shibuya?

104 今夜は外食したいなぁ。
I feel out tonight.

105 このファイルを送ったほうがいいですか？
I this file to you?

106 早く寝たい。
I feel to bed early.

107 ブロッコリー、食べなきゃいけない？
Do I to my broccoli?

HINTS

101
直訳は「なぜ夕飯を食べに立ち寄らないの？」

102
散歩する＝歩きに行く

103
…まで行く＝…にたどり着く

104
直訳は「今夜は外食したい気分だ」

106
直訳は「早くベッドに行きたい気分だ」

101 Why don't you stop by for dinner?

夕飯を食べに立ち寄ってみたらどう?

stop byで「立ち寄る」。drop byでもよいです。stop by the post office「郵便局に立ち寄る」のように、byの後に場所を置くこともできます。stop by for a little while「ちょっと立ち寄る」もよく使います。 ▶型29

---

102 I don't feel like going for a walk.

散歩する気になれない。

go for a walkで「散歩する」。go for a jog「ジョギングに行く」、go for a swim「泳ぎに行く」も覚えておきましょう。I feel like ...ingの否定形はI don't feel like ...ingです。 ▶型36

---

103 Do you know how to get to Shibuya?

渋谷までの行き方を知っていますか?

get to...で「…へたどり着く」という意味。初めての場所や慣れない土地で行き方を尋ねるときに使えます。 ▶型31

---

104 I feel like eating out tonight.

今夜は外食したいなぁ。

likeの後は動名詞(eating)にしましょう。 ▶型36

---

105 Should I send this file to you?

このファイルを送ったほうがいいですか?

相手の意見を尋ねる表現です。send + [物] + to + [人] は、send + [人] + [物] (ここではsend you this file) とも言えます。 ▶型35

---

106 I feel like going to bed early.

早く寝たい。

go to bedで「寝る」。likeの後は動名詞(going)にします。 ▶型36

---

107 Do I have to eat my broccoli?

ブロッコリー、食べなきゃいけない?

苦手なブロッコリーが料理に盛りつけられていて「食べなきゃいけない?」と母親に確認するときに使えますね。 ▶型23

108 この部屋は小さすぎて100人は入らない。

This room is small to one hundred people.

---

109 いつまでこれは有効ですか？

when is this ?

---

110 私のスピーチをどう思いましたか？

did you think of my ?

---

111 あなたを駅で待っておけばいい？

I wait you at the station?

---

112 きっと忙しいのでしょう。

You be .

---

113 どれだけ待つ必要があるのかなぁ。

I long we need to wait.

Hints

108
直訳は「この部屋は、100人を収容するには小さすぎる」

112
直訳は「忙しいに違いない」

113
どれだけ＝どれだけの長さ

108 This room is too small to contain one hundred people.

この部屋は小さすぎて100人は入らない。

containは「…を含む、収容する」。「この部屋は、100人を収容するには小さすぎる」という直訳から「この部屋は小さすぎて100人は入らない」になります。 ▶型42

---

109 Until when is this valid?

いつまでこれは有効ですか?

「有効な」はvalidです。チケットや割引券などの有効期限を確認したいときに使えます。Valid IDで「有効な身分証明書」。 ▶型37

---

110 What did you think of my speech?

私のスピーチをどう思いましたか?

スピーチに対するフィードバックをもらいたい意図が伝わります。ちなみにspeechは動詞speakから派生した名詞です。 ▶型38

---

111 Should I wait for you at the station?

あなたを駅で待っておけばいい?

shouldを使って、「待ったほうがいい?」と軽い気持ちでアドバイスを求めているニュアンスです。wait for...で「…を待つ」。 ▶型35

---

112 You must be busy.

きっと忙しいのでしょう。

You must be busy **with work**.（仕事で忙しいでしょう）やYou must be busy **studying for the exam.**（試験勉強で忙しいでしょう）のように応用できます。 ▶型22

---

113 I wonder how long we need to wait.

どれだけ待つ必要があるのかなぁ。

「どれだけ待つ」は「どれくらい長い時間待つ」ということなので、疑問詞(how long)を使います。 ▶型40

114 そんなこと、わかっているよ。

You don't to me.

115 お腹が減ったでしょう。

You be .

116 充電器を持ってくるのを忘れた。

I to bring my .

117 そんなに悪くないはずだよ。

It be that .

118 いつまでオフィスにいるの？

when are you to stay in the office?

119 それは、やらなくていい。

You don't to it.

120 よくそんなに可哀想なことができるね。

can you so cruel?

HINTS

114
直訳は「私に伝えなくてもいい」

115
直訳は「お腹が減ったに違いない」

116
充電する＝チャージする

117
悪くないはず＝悪いはずがない

118
オフィスにいる＝オフィスに滞在する

120
直訳は「どうやったらそんなに残酷でいられるの？」

114 You don't have to tell me.

そんなこと、わかっているよ。

直訳「私に伝えなくてもいい」から「伝えなくてもわかっている」に。 ▶型30

115 You must be hungry.

お腹が減ったでしょう。

Do you want me to fix you something to eat?（何か食べるもの、つくろうか？）のひと言を加えてもいいですね。 ▶型22

116 I forgot to bring my charger.

充電器を持ってくるのを忘れた。

「充電器」はcharger。この後にDo you have a charger?（充電器を持っていますか？）と尋ねれば、貸してくれるかもしれません。 ▶型26

117 It can't be that bad.

そんなに悪くないはずだよ。

このthatは「さほど」の意味。例えば「有酸素運動を60分するのってつらいよね」に対して「そんなに悪くないよ」と使います。 ▶型21

118 Until when are you going to stay in the office?

いつまでオフィスにいるの？

be going to...を使って、相手がいつまでいるつもりかを尋ねているニュアンスです。stayはbeでもOK。 ▶型37

119 You don't have to do it.

それは、やらなくていい。

やらなくてもいいことをやっている人に使う定番フレーズです。 ▶型30

120 How can you be so cruel?

よくそんなに可哀想なことができるね。

cruelは「残酷な」。直訳は「どうやったらそんなに残酷でいられるの？」です。批判的なニュアンスを含んでいます。 ▶型41

121 それは仕方がない。

It be .

122 昔は細かったのよ。

I to thin.

123 以前は彼が好きだったのよ。

I to him.

124 これは辛すぎて食べられないよ。

This is hot to .

125 それはいいアイデアだと思わない？

you think that's a good ?

126 それはアンナのかな？ —ジルのではないはず。

Could it be Anna's? -It be .

127 すみません、ここに座ってもいいですか？

me, but I sit here?

HINTS

121
直訳は「それは助けられるはずがない」

122
thin＝薄い、細い

124
直訳は「これは食べるには辛すぎる」

125
アイデアは英語でも同じ

126
「…のもの」は 'sを使う

127
「座ってもいいですか？」と許可を求めている

121 It can't be helped.

それは仕方がない。

直訳「それは助けられるはずがない」、つまり「どうしようもない」という決まり文句です。 ▶型21

122 I used to be thin.

昔は細かったのよ。

slimやslenderも「細い」で、ポジティブな意味です。skinnyはskin（皮）と骨だけという意味でネガティブに使います。 ▶型33

123 I used to like him.

以前は彼が好きだったのよ。

恋愛だけでなく、かつて好きだったアーティストや俳優にも使えます。 ▶型33

124 This is too hot to eat.

これは辛すぎて食べられないよ。

hotは「辛い」。直訳「これは食べるには辛すぎる」から「これは辛すぎて食べられない」という意味になります。 ▶型42

125 Don't you think that's a good idea?

それはいいアイデアだと思わない？

Yes, I agree. That's a very good idea.（そうだね。それはすごくいいアイデアだと思う）と返せるといいですね。 ▶型24

126 Could it be Anna's? -It can't be Jill's.

それはアンナのかな？ ―ジルのではないはず。

アンナのものである可能性を尋ねられた返事として「ジルのものではないはず」とその可能性を否定しています。 ▶型21

127 Excuse me, but can I sit here?

すみません、ここに座ってもいいですか？

空港の待合室やカフェなどで使えます。Excuse meで、声をかけることそのものへの断りを入れてから座る許可を取りましょう。 ▶型34

128 いつまであなたを待てばいいですか？

when should I wait you?

---

129 それを聞いたことはありますか？

you ever of it?

---

130 それを注文するのを忘れていた。

I to it.

---

131 LAに行くのが楽しみ！

I'm looking to to LA!

---

132 それは少し卑劣だったと思わない？

you think that was a little ?

---

133 そんなに難しくはないよ。

It be that .

HINTS

129
聞くという動詞は２つあるが…

130
注文する＝オーダーする

131
toの後は名詞または動名詞

132
「卑劣な」を表す語は「いじわるな」という意味もある

133
難しくはないよ＝難しくはないはず

128 Until when should I wait for you?

いつまであなたを待てばいいですか?

shouldを使っているので、気軽にアドバイスを求めて質問している印象です。wait for...「…を待つ」。 ▶型37

---

129 Have you ever heard of it?

それを聞いたことはありますか?

hearは「無意識に耳に入ってくる」、listen toは「意識的に聞く」ニュアンスの違いがあります。 ▶型32

---

130 I forgot to order it.

それを注文するのを忘れていた。

「注文する」はorderです。オンラインショッピングで頼んだと思っていたのに注文し忘れていた…というときなどに使えます。 ▶型26

---

131 I'm looking forward to going to LA!

LAに行くのが楽しみ!

LA＝Los Angelesです。日本語ではロスと言いますが、英語ではLAと略します。toの後は動名詞(going)にします。 ▶型27

---

132 Don't you think that was a little mean?

それは少し卑劣だったと思わない?

Don't you think...? で尋ねているので、同意してほしいニュアンスが含まれています。meanは動詞「…を意味する」がよく知られていますが、ここでは形容詞で「卑劣な、下品な」という意味です。 ▶型24

---

133 It can't be that difficult.

そんなに難しくはないよ。

thatは、difficultを強調して「さほど」という意味。「そんなに難しくはないはず」と励ます表現としても使えます。 ▶型21

134 パスワードの変更方法を知っていますか？

Do you know to change the ?

135 彼の態度をどう思う？

do you think of his ?

136 パーティに妹を連れてきたらどう？

don't you your sister to the party?

137 彼のメールに返信したほうがいいかな？

I reply his e-mail?

138 どのくらいトレーニングしますか？

How do you ?

139 めったに外食しません。

I eat .

HINTS

134
パスワードは英語でも同じ

136
連れてくる＝持ってくる

139
外食する＝外で食べる

134 Do you know how to change the password?

パスワードの変更方法を知っていますか?

「パスワードの変更方法」はつまり「パスワードをどのように変更するか」なので、疑問詞howを使います。 ▶型31

135 What do you think of his attitude?

彼の態度をどう思う?

「態度」はattitudeです。こう尋ねるということは、彼の態度をあまりよく思っていないニュアンスが伝わってきます。 ▶型38

136 Why don't you bring your sister to the party?

パーティに妹を連れてきたらどう?

bring + [人] + to + [場所] で「[人] を [場所] へ連れていく」。bringはもともと、「持っていく」という意味です。bringの後には、物だけでなく人も置けます。 ▶型29

137 Should I reply to his e-mail?

彼のメールに返信したほうがいいかな?

返信すべきか迷っているときに使う表現です。reply to...で「…に返信する」です。 ▶型35

138 How often do you train?

どのくらいトレーニングしますか?

trainはtraining(トレーニング)の動詞で「練習する、トレーニングする」という意味です。 ▶型25

139 I rarely eat out.

めったに外食しません。

eat outで「外食する」です。go out to eatと言ってもよいです。rarelyで「めったに…ない」と否定の意味を含みます。 ▶型39

140 学ぶのに遅すぎるということは決してない。

One is never ____ old to ____ .

---

141 僕たちはどこに向かっているのかなぁ。

I ____ ____ we are heading.

---

142 彼に謝らなければならない。

I ____ apologize ____ him.

---

143 昔、ここで、かくれんぼしたなぁ。

I ____ to ____ hide-and-seek here.

---

144 その映画、どう思った？

____ ____ you think of the movie?

---

145 ブルーノさんですよね。

You ____ ____ Bruno.

HINTS

140
oneは「ある人」

142
人を表すhimの前にくる前置詞なので…？

143
かくれんぼ(hide-and-seek) をする＝かくれんぼで遊ぶ

145
直訳は「ブルーノさんに違いない」

140 One is never too old to learn.

学ぶのに遅すぎるということは決してない。

oneは「ある人」という意味。直訳「学ぶのに、歳をとりすぎているということは決してない」から、「学ぶのに遅すぎるということは決してない」になります。 ▶型42

---

141 I wonder where we are heading.

僕たちはどこに向かっているのかなぁ。

動詞headで「向かう」。よく使われる単語です。今現在起きていることについてI wonder「…なのかな」と言っているので、whereの後は現在進行形（we are heading）です。 ▶型40

---

142 I must apologize to him.

彼に謝らなければならない。

apologize **to + [人]** または、apologize **for + [事柄]**と使います。今回はhimの前なのでtoが入ります。forは、I apologize for the delay.（遅れて申し訳ありません）のように使います。 ▶型28

---

143 I used to play hide-and-seek here.

昔、ここで、かくれんぼしたなぁ。

hideは「隠れる」、seekは「探す」からhide-and-seekで「かくれんぼ」。「かくれんぼをする」の動詞はplay「遊ぶ」を使います。I used toの後は動詞の原形が入ります。 ▶型33

---

144 What did you think of the movie?

その映画、どう思った？

映画を観た後、意見を交わすときに使えそうですね。the movieを映画のタイトルにしてもいいですよ。 ▶型38

---

145 You must be Bruno.

ブルーノさんですよね。

事前に写真などで顔を知っていて「ブルーノさんに違いない」と確信したときに使えます。このようにmust beの後に名前を置いて、「○○さんに違いない」と使います。 ▶型22

146 お父様にお会いすることを楽しみにしています。

I'm looking to

your father.

147 君は若すぎてこれを理解できない。

You are young to

this.

148 私の新しいスーツをどう思いますか？

do you think of my new

?

149 そんなに意地汚くならなくていいよ。

You don't to be so .

150 どっちを選べばいいのかなぁ。

I one I should

choose.

151 髪を切ってもらったらどう？

don't you a haircut?

HINTS

146
toの後は名詞または動名詞

147
直訳は「君はこれを理解するには若すぎる」

148
日本語の「スーツ」は複数形

149
「意地汚い」という形容詞は、動詞で「意味する」という意味もある

151
直訳は「なぜ髪を切ってもらわないの？」

146 I'm looking forward to **meeting your father.**

お父様にお会いすることを楽しみにしています。

「会うこと」を楽しみにしているのでmeetingを忘れずに。I'm looking forward to your father.としないように注意しましょう。 ▶型27

---

147 You are too **young** to **understand this.**

君は**若**すぎて**これを理解**できない。

直訳「君はこれを理解するには若すぎる」から「君は若すぎてこれを理解できない」という意味になります。 ▶型42

---

148 What do you think of **my new suit**?

私の新しいスーツをどう思いますか?

「スーツ」は単数形でsuit、複数形でsuitsと言います。suitのところをshoesやbag、watchなどに変えて応用してみてもいいですね。 ▶型38

---

149 You don't have to **be so mean.**

そんなに意地汚くならなくていいよ。

meanは形容詞で「意地汚い、けちな」。誰かに対して「意地汚い態度を取らないとダメだ」と、かたくなになっている人に使えます。 ▶型30

---

150 I wonder **which one I should choose.**

どっちを選べばいいのかなぁ。

悩んでいるときに独り言でボソッと出てくるような表現です。疑問詞which (one) の後は[主語]+[動詞]の語順です。 ▶型40

---

151 Why don't you **get a haircut**?

髪を切ってもらったらどう?

get a haircutで「散髪してもらう」。直訳「なぜ髪を切ってもらわないの?」つまり「切ってもらったらどう?」と提案している表現です。また、一般的に美容院はbeauty salonやhair salonと言います。 ▶型29

152 どれくらいの頻度で日本に来ますか？

How　　do you　　to Japan?

HINTS

152 質問者は日本にいるので「来る」を使う

---

153 生魚を食べたことがありますか？

　　you ever eaten　　fish?

153 生魚＝生の魚

---

154 本物であるはずがないでしょ。

It　　be　　.

---

155 言うとおりにしなければいけないですか？

Do I　　to do　　you say?

155 あなたの言うとおり＝あなたが言うように

---

156 お米から調理したほうがいいかな？

　　I　　the rice first?

156 お米から調理する＝最初にお米を料理する

---

157 よくそんなに楽観的でいられるね。

　　can you　　so optimistic?

157 直訳は「どうしたらそんなに楽観的でいられるの？」

---

158 彼女のこと、どう思う？

　　do you think of　　?

152 How often do you **come to Japan**?

どれくらいの頻度で**日本に来**ますか?

質問者が日本以外にいるときは、How often do you **go** to Japan? を使います。 ▶型25

---

153 Have you ever **eaten raw fish**?

生魚を食べたことがありますか?

「生の」はrawです。a raw eggで「生卵」。欧米人の多くは生で魚や卵を食べないので、このフレーズのように確認できるといいですね。 ▶型32

---

154 It can't be **real**.

本物であるはずがないでしょ。

realは「本物の」という意味。信じられないことが目の前で起こったときに使える表現です。 ▶型21

---

155 Do I have to **do as you say**?

言うとおりにしなければいけないですか?

as you sayで「あなたの言うとおり」。圧力を感じながらも、やりたくない気持ちがあるニュアンスが伝わります。 ▶型23

---

156 Should I **cook the rice first**?

お米から調理したほうがいいかな?

アドバイスがほしい気持ちが伝わりますね。このfirstは副詞「まず(最初に)」として使われています。 ▶型35

---

157 How can you **be so optimistic**?

よく**そんなに楽観的**でいられるね。

optimisticは「楽観的な」。「どうしたらそんなに楽観的でいられるの?」と嘲笑的なニュアンス。「悲観的な」はpessimisticです。 ▶型41

---

158 What do you think of **her**?

彼女のこと、どう思う?

このようにthink ofの後に、[人]を置くこともできます。「私のことどう思う?」は、What do you think of **me?** です。 ▶型38

159 泣きたい。

I feel _____ .

160 どうやったらこれらの動画をアップロードできるか知っていますか？

Do you know _____ to _____ these videos?

161 いつまで日本にいますか？

_____ when will you _____ in Japan?

162 私はめったに海外旅行をしません。

I _____ travel _____ .

163 私はめったに風邪を引きません。

I _____ a cold.

164 疲れたでしょう。

You _____ be _____ .

Hints

159
直訳は「泣きたい気分だ」

160
アップロードは英語でも同じ

164
直訳は「疲れたに違いない」

159 I feel like **crying**.

泣きたい。

財布を落としたり、試験でいい結果が出なかったり…。「泣きたい」気持ちのときに使う表現です。 ▶型36

---

160 Do you know how to **upload these videos**?

どうやったら**これらの動画をアップロードできる**か知っていますか?

日本語で動画のことを「ムービー」とも言いますが、英語のmovieは「映画」なので注意。英語で「動画」はvideoです。 ▶型31

---

161 Until when **will you be in Japan**?

いつまで**日本にいますか**?

予定をシンプルに尋ねるときの、定番の表現です。beはstayでもOKです。 ▶型37

---

162 I rarely **travel abroad.**

私はめったに**海外旅行をし**ません。

abroadで「海外に」。travel abroadで「海外へ旅行する」、つまり「海外旅行する」という意味です。「めったに…ない」と頻度を否定するにはrarelyを使います。 ▶型39

---

163 I rarely **catch a cold.**

私はめったに**風邪を引き**ません。

catch a coldで「風邪を引く」。rarelyはこの1語で「めったに…ない」と頻度を否定することを覚えておきましょう。 ▶型39

---

164 You must be **tired.**

疲れたでしょう。

be tired from...「…(が原因)で疲れる」を使ってYou must be tired **from this heat**.(この暑さで疲れたでしょう)のように応用できます。 ▶型22

165 家で1人になるのを楽しみにしている。

I'm looking to

alone in the house.

---

166 彼女をデートに誘ったらどう？

 don't you her out?

---

167 彼女は、少しわがままだと思わない？

 you think she is a bit

?

---

168 その本は、あなたにはあまりにも簡単すぎると思わない？

 you think that book is

 easy for you?

---

169 このスープは熱すぎて飲めない。

This soup is hot to .

---

170 アラームをセットするのを忘れた。

I to the alarm.

HINTS

165
alone＝1人で

166
デートに誘う＝外出に誘う（外出を頼む、求める）

167
わがまま＝利己的、自己中心的

168
簡単すぎる≠とても簡単

169
直訳は「このスープは飲むには熱すぎる」

170
「セットする」は日本語も英語も同じ

165 I'm looking forward to being alone in the house.

家で1人になるのを楽しみにしている。

aloneは「1人で」。toの後は動名詞(being)にしてbeing alone「aloneな状態」を表現しましょう。ちなみにlonelyは「寂しい」。aloneと混同しないように。

▶型27

166 Why don't you ask her out?

彼女をデートに誘ったらどう?

ask her outで「彼女をデートに誘う」。誘われた場合はHe asked me out.(彼にデートに誘われた)と言えます。

▶型29

167 Don't you think she is a bit selfish?

彼女は、少しわがままだと思わない?

selfishは「わがままな、利己的な」。selfish behavior「自分勝手な行動」、a selfish girl「自己中心的な女の子」のように使います。Don't you thinkで尋ねているので、同意を求めるニュアンスがあります。

▶型24

168 Don't you think that book is too easy for you?

その本は、あなたにはあまりにも簡単すぎると思わない?

easyの前にtooがついて「あまりに簡単すぎる」。「あなたには」はto youではなくfor youです。

▶型24

169 This soup is too hot to drink.

このスープは熱すぎて飲めない。

直訳「このスープは飲むには熱すぎる」から「このスープは熱すぎて飲めない」という意味になります。

▶型42

170 I forgot to set the alarm.

アラームをセットするのを忘れた。

6:00に起きるはずだったのに、目覚めたら7:00だった…。そのようなときに使える表現です。

▶型26

171 よく彼に優しくできるね。

can you so nice to him?

172 何もする気が起こりません。

I don't feel anything.

173 めったに本を読みません。

I books.

174 図書館の本を持ってくるのを忘れた。

I to the library book.

175 これをフランス語に翻訳するにはどうすればいいかわかりますか？

Do you know to this into French?

176 お返事をお待ちしております。

I'm looking to back from you.

Hints

171
直訳は「どうしたら彼にそんなに親切にできるの？」

174
the library bookで「図書館の本」

175
「翻訳者」はtranslator

176
直訳は「あなたからの返信を楽しみにしています」

171 How can you be so nice to him?

よく彼に優しくできるね。

このniceは「親切な」。「どうしたら彼にそんなに親切にできるの?」つまり「よく彼に優しくできるね」と懐疑的なニュアンスです。 ▶型41

---

172 I don't feel like doing anything.

何もする気が起こりません。

notとanythingで「何も…ない」という完全否定になります。 ▶型36

---

173 I rarely read books.

めったに本を読みません。

rarelyは「めったに…ない」と否定の意味を含んでいるので、rarelyの後にread booksを置けばよいです。 ▶型39

---

174 I forgot to bring the library book.

図書館の本を持ってくるのを忘れた。

持ってくるはずのものを忘れてしまったときにforgot to bringが使えます。**I forgot to bring** my umbrella with me. (傘を持ってくるのを忘れた) もよく言います。 ▶型26

---

175 Do you know how to translate this into French?

これをフランス語に翻訳するにはどうすればいいかわかりますか?

translate A into Bで「AをBに翻訳する」。FrenchをEnglishやKoreanなど他の言語に変えて応用できますね。 ▶型31

---

176 I'm looking forward to hearing back from you.

お返事をお待ちしております。

メールなどの書き言葉で頻繁に使われる表現です。 I'm looking forward to hearing from you.でもよいです。 ▶型27

177 すみませんが、もう少しゆっくり話していただけますか？

____ me, but could you speak a little more ____ ?

---

178 どのくらい歯医者に診てもらっていますか？

How ____ do you ____ a dentist?

---

179 なぜ彼女は来なかったのかな。

I ____ ____ she didn’t come.

---

180 買い物リストをつくらなくちゃ。

I ____ ____ a shopping list.

---

181 明日は雨模様なのかなぁ。

I ____ ____ it will rain tomorrow.

---

182 どうやってわかるの？

____ can you ____ ?

Hints

177
a little moreで「もう少し」

178
歯医者に診てもらう＝歯医者に会う

180
shopping listは「買い物リスト」

181
雨模様なのか＝雨が降るのかどうか

182
わかる＝見分ける

177 Excuse me, but could you speak a little more slowly?

すみませんが、もう少しゆっくり話していただけますか?

Excuse me, とcould you...? を組み合わせて尋ねているため、とても丁寧な表現です。「もっとゆっくり」をslowerと言ってしまう人が多いのですが、正しくはmore slowlyです。 ▶型34

---

178 How often do you see a dentist?

どのくらい歯医者に診てもらっていますか?

「歯医者に会う」一般的な目的は診察なので、see a dentistで「歯医者に診てもらう」という意味です。 ▶型25

---

179 I wonder why she didn't come.

なぜ彼女は来なかったのかな。

Why didn't she come? (なぜ彼女は来なかったの?) とストレートに尋ねるより、やわらかい印象を与えられます。 ▶型40

---

180 I must make a shopping list.

買い物リストをつくらなくちゃ。

買うものが多いときに便利なのが買い物リスト。英語でshopping listと言います。日常会話で頻出なので覚えておくといいですよ。 ▶型28

---

181 I wonder if it will rain tomorrow.

明日は雨模様なのかなぁ。

明日は雨が降るようだ、と天気予報で聞いたときに使えます。「…なのかなぁ」は「… (する) かどうかなぁ」という意味なのでifを使います。

▶型40

---

182 How can you tell?

どうやってわかるの?

tellには「見分ける」という意味があります。直訳「どうやって見分けるの?」「どうやったらわかるの?」、つまり「よくわかるね」です。 ▶型41

183 京都に行ったことがありますか？

you ever to Kyoto?

184 めったに実家に帰りません。

I go back to my house.

185 どのくらいゴルフをしますか？

How do you golf?

186 すみませんが、質問があります。

me, but I have a .

187 すみませんが、わかりません。
それはどういう意味ですか？

me, but I don't understand.
What does it ?

188 よくそんなことが言えるね。

can you such a thing?

HINTS

183
「行ったことがある」の動詞に注意

184
実家に帰る＝両親の家に戻る

185
どのくらいゴルフをしますか＝どのくらいの頻度でゴルフをしますか

186
質問がある＝質問を持っている

188
直訳は「どうしたらそんなことが言えるの？」

183 Have you ever been to Kyoto?

京都に行ったことがありますか?

「行く」につられてgoneにすると「行ったまま帰ってきていない」という意味になってしまいます。「行ったことがある」かどうかの経験を尋ねるときはbeenを使います。 ▶型32

---

184 I rarely go back to my parents' house.

めったに実家に帰りません。

「実家」はparents' houseです。parentsは複数なのでparents'sではなくparents' になることに注意しましょう。rarelyで「めったに…ない」と否定を含みます。 ▶型39

---

185 How often do you play golf?

どのくらいゴルフをしますか?

競技や試合などを「する、遊ぶ」はplayを使います。ただし「友達と遊ぶ」ときは、playではなくhang out withなどを使いましょう。 ▶型25

---

186 Excuse me, but I have a question.

すみませんが、質問があります。

Excuse me,と断りを入れてから、「質問があります」と伝えている丁寧な表現です。Excuse me, can I ask you a question?（すみません、質問してもよいでしょうか?）もよいです。 ▶型34

---

187 Excuse me, but I don't understand. What does it mean?

すみませんが、わかりません。それはどういう意味ですか?

再度説明をお願いすることに「すみません」と言っています。唐突に「どういう意味ですか?」と尋ねるよりやわらかい印象になります。 ▶型34

---

188 How can you say such a thing?

よくそんなことが言えるね。

such a thingで「そんなこと」。直訳は「どうしたらそんなことが言えるの?」で、「よくそんなことが言えるね」と批判的なニュアンスがあります。 ▶型41

189 地震を経験したことはありますか？

you ever experienced an ?

190 浮気されたことある？

you ever been on?

191 スーツを着ないといけない？

Do I to wear a ?

192 すみませんが、お願いを聞いていただけますか？

me, but could you do me a ?

193 これ買わないとダメなの？

I to buy this?

194 予約のキャンセルはいつまでできますか？

when can I cancel my ?

195 昔、彼とは友達だった。

I to friends with him.

Hints

189
地震＝地球の揺れ

190
「浮気する」という単語は「…でだます、カンニングする」という意味も

191
着ないといけない？＝着なければいけませんか？

192
お願いを聞く＝私に親切な行為をする

194
「予約する」は reserve

195
友達である＝友達でいる

189 Have you ever **experienced an earthquake**?

地震を経験したことはありますか?

earth「地球」+ quake「揺れ」でearthquake「地震」です。最近は、quakeと略すことも多くあります。 ▶型32

---

190 Have you ever **been cheated on**?

浮気されたことある?

cheatは「…をだます」です。cheat onで「浮気する」。その受動態、be cheated onで「浮気される」という意味になります。 ▶型32

---

191 Do I have to **wear a suit**?

スーツを着ないといけない?

スーツ着用のルールがあるかを確認していますね。 ▶型23

---

192 Excuse me, but **could you do me a favor?**

すみませんが、**お願いを聞いていただけますか?**

favorは「好意、親切な行為」。do me a favorで「私に親切な行為をする」、つまり「私のお願いを聞く」になります。 ▶型34

---

193 Do I have to **buy this**?

これ買わないとダメなの?

ルールによって買わなければならないかを確認しています。 ▶型23

---

194 Until when **can I cancel my reservation**?

予約のキャンセルはいつまで**できますか**?

いつまでキャンセルできる状態が続くか、なのでuntilを使います。 ▶型37

---

195 I used to **be friends with him.**

昔、彼とは友達だった。

be friends with...で「…と友達になる」。 ▶型33

196 あなたが謝ることはない。

You don't　　　to　　　　　.

197 その小テスト、ちょっと難しいと思わない？

　　　you think the　　　is a bit difficult?

198 あなたの来週の授業を楽しみにしています。

I'm looking　　　　to your　　　next week.

199 昼寝したらどう？

　　　don't you take a　　　?

200 病気の友人の見舞いをしなければ。

I　　　　　after my sick friend.

201 個人的にお話ししなければならない。

I　　　talk to you　　　　.

202 ワクワクしているでしょう。

You　　　be　　　　.

Hints

196
謝ることはない＝謝らないといけないわけではない

197
小テストなのでtestではない

198
toの後は名詞または動名詞

199
直訳は「なぜ、昼寝をしないの？」

200
話し手の意思で「見舞いをしなければならない」

201
話し手の意思で「話さないといけない」

202
直訳は「ワクワクしているに違いない」

196 You don't have to **apologize.**

あなたが謝ることはない。

自分が悪いと思い込んで謝罪してきた相手に言いたいフレーズです。ちなみにapologiseはイギリス英語のスペルです。 ▶型30

197 Don't you think **the quiz is a bit difficult?**

その小テスト、ちょっと難しいと思わない?

quizには「小テスト」という意味もあります。a bitは「ちょっと」。 ▶型24

198 I'm looking forward to **your class next week.**

あなたの来週の授業を楽しみにしています。

「(一般的な)授業」にはclassを、「(大学などの専門的な)授業・講義」にはlectureを使います。 ▶型27

199 Why don't you **take a nap?**

昼寝したらどう?

napは「昼寝、うたた寝」。takeの代わりにhaveでもOKです。steal a napは「こっそりうたた寝する」という意味になります。 ▶型29

200 I must **inquire after my sick friend.**

病気の友人の見舞いをしなければ。

inquire after...で「…の見舞いをする」。inquireはaskにしてもOKです。 ▶型28

201 I must **talk to you privately.**

個人的にお話ししなければならない。

privatelyは「ひそかに、個人で」。**ask** him privatelyは「彼に内々で頼む」です。 ▶型28

202 You must be **excited.**

ワクワクしているでしょう。

excitedで「興奮している」。excitingだと「興奮させる」になってしまうので注意。 ▶型22

203 ゴミを出すのを忘れた。

I ______ to take the trash ______ .

204 どのくらい彼に会っているの？

How ______ do you ______ him?

205 一生懸命、勉強しなければ。

I ______ hard.

206 前払いしなければいけませんか？

Do I ______ to ______ in advance?

207 どうやってこれを食べるか知っていますか？

Do you know ______ to ______ this?

208 すべてを知らなくてもいいよ。

You don't ______ to know ______ .

209 かつてはロンドンに住んでいたのですよ。

I ______ to live ______ London.

210 傘を持って行ったほうがいいかな？

______ I ______ an umbrella?

HINTS

204
この「どのくらい」は会う頻度を尋ねている

205
話し手の意思で「勉強しないといけない」

206
前払いする＝前もって支払う

207
どうやってこれを食べるか＝これを食べるにはどうしたらいいか

208
すべて＝すべてのこと

209
かつて…していた＝昔は…していたものです

203 I forgot to **take the trash out.**

ゴミを出すのを忘れた。

アメリカ英語で「一般ゴミ」はtrash、「生ゴミ」はgarbageです。rubbishはイギリス英語で「一般ゴミ、生ゴミ」。take outは「持ち出す」。 ▶型26

---

204 How often do you **see him**?

どのくらい**彼に会っている**の?

通常、2回目以降会うときはseeを、初対面はmeetを使います。 ▶型25

---

205 I must **study hard.**

一生懸命、勉強しなければ。

studyはプロセスに、learnは結果に重点が置かれています。 ▶型28

---

206 Do I have to **pay in advance**?

前払いしなければいけませんか?

in advanceで「前もって」。お店の規則を確認しています。 ▶型23

---

207 Do you know how to **eat this**?

どうやって**これを食べるか**知っていますか?

初めて食べる料理は、食べ方がわからないこともありますね。 ▶型31

---

208 You don't have to **know everything.**

すべてを知らなくてもいいよ。

「知らないといけない」と思い込んでいる相手に使えます。 ▶型30

---

209 I used to **live in London.**

かつては**ロンドンに住んで**いたのですよ。

「かつては」はused to...。都市名の前は前置詞inです。 ▶型33

---

210 Should I **take an umbrella**?

傘を持って行ったほうがいいかな?

takeは話し手と聞き手がいない場所に「持って行く」場合、bringは話し手が聞き手に「持って行く」、またはその逆の場合に使います。 ▶型35

43 I've never...

(一度も…したことがありません。)

I've never met him before.
(まだ彼に会ったことがない。)

1 経験したことがないと伝える型(パターン)

例 **I've never** been here before.
(以前、ここに来たことは一度もありません)

例 **I've never** eaten this.
(これを食べたことは一度もありません)

「…したことがないんです」と経験したことがないと伝えるときはI've never...を使います。I'veはI haveの短縮形。

生まれたとき(過去の一点)から現在に至るまで、一度もその経験がないということなので、現在完了形を使います。現在完了形とはhave + [過去分詞] です。

---

2 notとneverの違いは?

(1) never

今回の型のように、「一度も…したことがない」と「経験」を否定したいのであれば、neverを使います。

(2) not

「まだ…していない」と「完了」を否定したいのであれば、notを使います(have not = haven't)。

例 I **haven't** finished dinner yet.
(まだ夕食を食べ終えていない)

また、「ずっと…していない」と「継続」を否定したいときもnotを使います。

例 I **have not** seen him this week.
(今週、彼を見かけていない)

44 I'm used to...

(…することには慣れています。)

I'm used to speaking in public.
(人前で話すのは慣れている。)

1 慣れていることを言う型（パターン）

例 **I'm used to** eating alone.
（1人で食事をすることには慣れていますよ）

「…には慣れています」と言えるのが**I'm used to...**です。toの後には［名詞］または［動名詞（-ing形）］がきます。

be used to...を使うときと、**get used to...**を使うときがあり、少しニュアンスが異なります。

(1) be used to...

例 **I'm used to it.**（それに慣れています）

「慣れている」状態を表します。

(2) get used to...

例 **I'm getting used to it.**（それに慣れてきているところです）

「慣れてきている」と変化を表します。

2 否定文「まだ慣れていない」

例 I'm still **not** used to it.（まだそれに慣れていません）

否定文は、I'mの後にnotを入れます。

stillを加えると「まだ」というニュアンスをさらに強調できます。

45 All you have to do is...

（…だけすればよいです。）

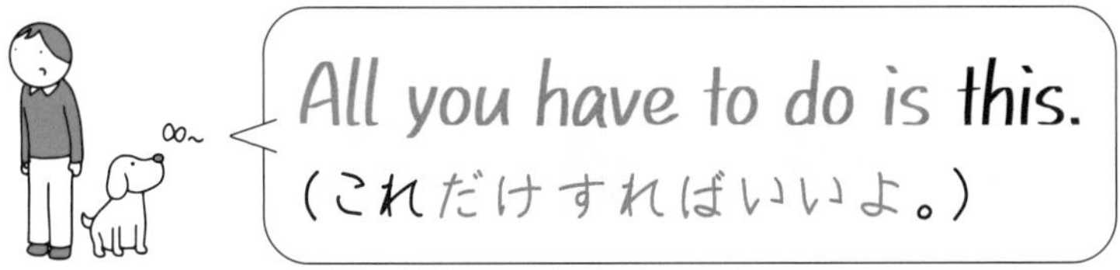

All you have to do is this.
（これだけすればいいよ。）

1 唯一すべきことを言う型（パターン）

例 **All you have to do** is write your name here.
（ここに名前を書くだけでいいよ）

All you have to do is...の直訳は、「あなたがしなければならない、すべてのことは…です」。つまり「あなたは…だけすればいい」という意味になります。

All you have to do is...の後は、isの後だからto不定詞、と覚えている人も多いと思います。しかし、特に会話では、toを省略して、動詞の原形を置いて使うのが日常的になっています。

---

2 What you have to do is...との違いは?

What you have to do is...は「あなたがしなければいけないことは…です」が直訳。

All you have to do is...はallがあるので「…だけすればいい」と、唯一すべき行動を強調していますが、What you have to do is...には「だけ」のニュアンスはありません。他にもやらなければいけないことがありそうです。

All you have to do is...
What you have to do is...

46 As far as I know,...

(私の知る限りでは、…)

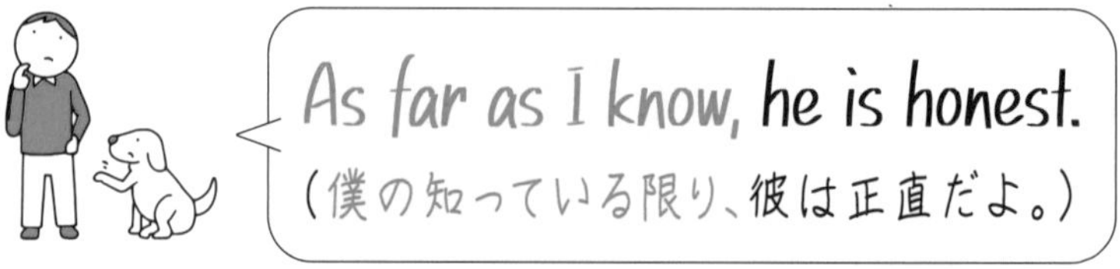

As far as I know, he is honest.
(僕の知っている限り、彼は正直だよ。)

1 断定的に言い切りたくないときの型（パターン）

断定的な表現を使いたくないときってありますよね。そんなときには、As far as I know, ... を使いましょう。

そもそも、as far as... は「…の範囲までは、…に関する限りは」という意味。そのうしろにI knowをつけると「私の知る範囲では」、つまり「私の知る限りでは」になります。

必ずしも文章と一緒に使う必要はなく、Yeah, as far as I know.（うん、僕の知る限りではね）だけで使うこともできます。

---

2 as long asと混同しないように

似たような表現にas long as...があります。as far as...は「範囲」を、as long as...は「条件」を表します。

as long as...で「…する限り」という意味。下の例文を見てみましょう。

例 I am happy **as long as** you are here.
（あなたがここにいる限り、私は幸せだ）

47 Be careful...

(…には気をつけてください。)

Be careful of the cars.
(車に気をつけて。)

1 「気をつけて」と注意を促す型(パターン)

何に気をつけるかわかる状況ではBe careful! だけでよいです。注意する対象を具体的に伝えるときは、次のように言いましょう。

2 Be careful...でよく使う2つ

(1) Be careful + [前置詞]

Be careful **of**... …に気をつける、 …に注意する	Be careful **of** yourself! (ご自愛ください)
Be careful **about**... …に気を配る、 …を大切にする	Be careful **about** your health! (健康に気をつけて)
Be careful **with**... …の取り扱いに 気をつける	Be careful **with** the lawn mower. (芝刈り機を大切に扱うように)
Be careful **in**... …に気をつける、 …に慎重になる	Be careful **in** speech. (話し方に気をつけて)

(2) Be careful not to + [動詞]

「…しないように気をつけて」という意味です。

例 Be careful not to drop it.(落とさないように気をつけて)

48 Do you mind if... ?

(…したら気にしますか［嫌ですか］？／よろしいですか？)

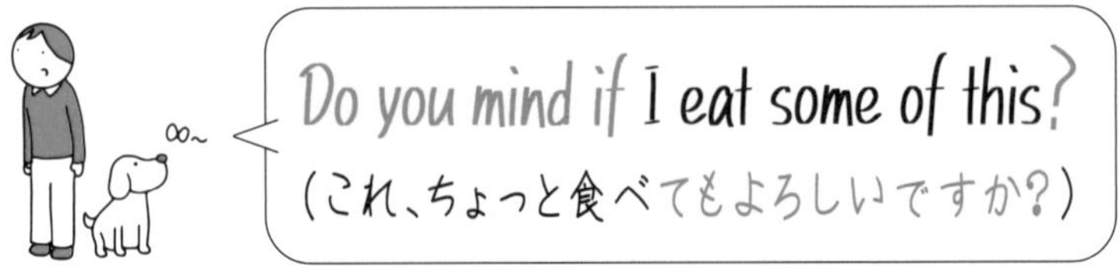
Do you mind if I eat some of this?
(これ、ちょっと食べてもよろしいですか？)

1 気を遣いながら許可を取る型

気を遣いながら許可を取る型です。そもそも、mindは「気にする」という意味なので、Do you mind if...? の直訳は「…したら気になりますか？」です。

例 **Do you mind if I join you?**（ご一緒してもよろしいですか？）
直訳は「私がご一緒したら、気になりますか？」。

2 答え方に注意しよう

「…したら気にしますか（嫌ですか）？」と尋ねているので、答え方には注意しましょう。

「いいですよ」という意味でYes, I do.と答えると、反対の意味になってしまいます。

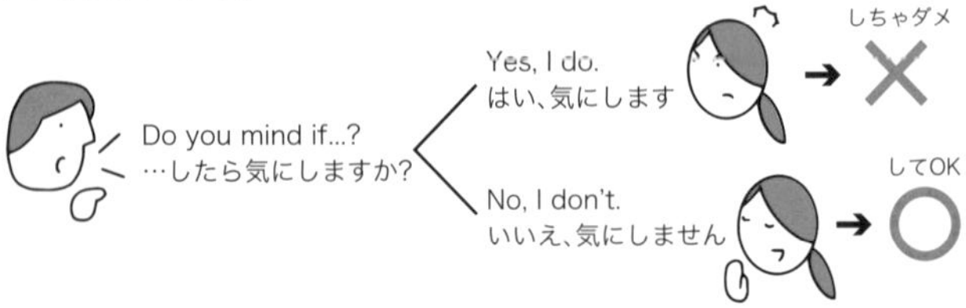
Do you mind if...?
…したら気にしますか?
Yes, I do.
はい、気にします
しちゃダメ
No, I don't.
いいえ、気にしません
してOK

3 さらに丁寧な表現にするなら

Would you mind if...? を使うとさらに丁寧な表現になります。

例 **Would you mind if I join you?**
（私が参加しても構いませんでしょうか？）

49 I just wanted to...

（ただ…したかっただけです。）

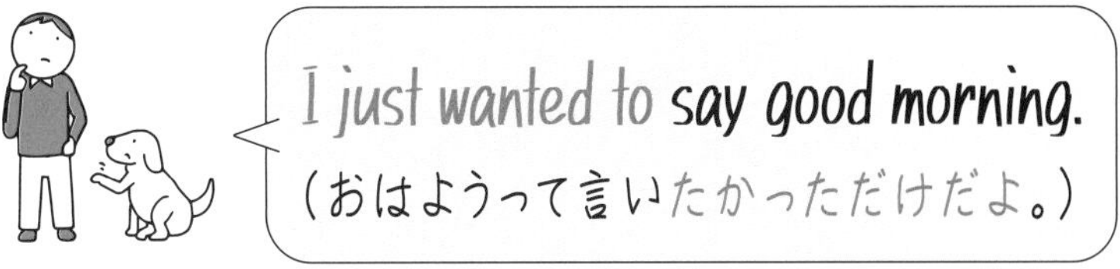
I just wanted to say good morning.
（おはようって言いたかっただけだよ。）

1 気持ちを強調する型（パターン）

「ただそれを伝えたかっただけ」「ただ声を聞きたかっただけ」「ただ質問したかっただけ」のように、自分の気持ちを強調する型です。

例 **I just wanted to** say good morning.
（おはようって言いたかっただけだよ）

want to...「…したい」に**just**をつけると「ただ…したい」という意味になり、強調されるのです。

2 日常会話でjustはよく登場する

justはネイティブの日常会話でよく登場します。justを使うとネイティブらしい表現にできます。表現が広がるjustの使い方を4つ紹介します。

(1)「ちょっとだけ」

例 **Just** a minute.（ちょっとだけ待ってください）

(2)「ただ」

今回の型、**I just wanted to...**がこれです。

(3)「ちょうど今」

例 I **just** finished my homework.
（ちょうど今、宿題を終わらせたところ）

(4)「とにかく」

NIKEでもおなじみの、**Just do it.**（とにかくやってみなよ）

50 You'd better...

(…したほうがいいよ。)

1 警告する型（パターン）

「（そうしないと大変なことが起こるから）…したほうがいいよ」と言うのがYou'd betterです。要は警告です。

強い口調で警告するニュアンスがあるので、提案のときには使わないようにしましょう。

例 **You'd better run.**（走ったほうがいいよ）

寝坊して家を出るのが遅くなった人にこの表現を使うと、「走らないと電車に乗り遅れる」「遅刻する」などの、よくないことが起こるというニュアンスがあります。

---

2 had betterとshouldの違いは？

had betterと比べると、shouldのほうがやわらかい表現です。

例 **You'd better come!**

「（悪いことが起こるから）来たほうがいいよ！」という警告。

例 **You should come!**

「（いいことがあるから）来たほうがいいよ！」というアドバイス。

■警告

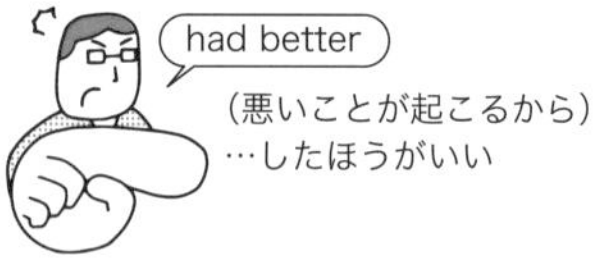

■アドバイス

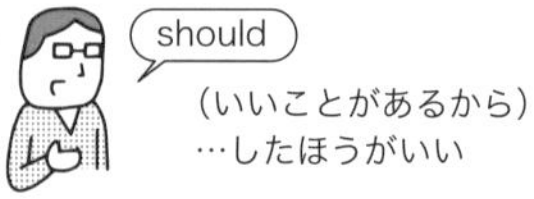

51 I don't mind...

(…は嫌ではないです／大丈夫です。)

I don't mind lending you my phone.
(僕の電話を貸すのは大丈夫だよ。)

1 「…は大丈夫だよ、嫌ではないよ」と言う型(パターン)

「これ食べてもいい?」「明日、出かけてもいい?」と質問されて、「大丈夫だよ(嫌じゃないよ)」と返すときによく使うのが I don't mind です。

2 I don't mind...の3つの使い方

(1) [名詞] がくる場合

例 I don't mind **the rain.** (雨は平気だよ)

(2) [動名詞 (-ing形)] がくる場合

例 I don't mind **waiting for you.**
(あなたを待つのは問題ありません)

(3) [主語] + [動詞] がくる場合

例 I don't mind **if you go home.** (帰っても大丈夫だよ)

3 I don't care...と混同しないように

下の例文で違いを確認してみましょう。

例 I don't **mind** if you smoke.
(あなたがタバコを吸っても嫌じゃないよ)

例 I don't **care** if you smoke.
(あなたがタバコを吸うかどうかは気にならない)

careを使うと、自分には関係ないという無関心さが強く伝わるので注意しましょう。

52 According to...

(…によると)

According to him, I have to go there.
(彼によると、そこに行かなきゃいけない。)

1 見聞きしたことを伝える型(パターン)

見聞きしたことを伝えるとき、「…によれば」「…によると」と言いますよね。そのときに使えるのがAccording to...です。

例えば、「天気予報によると」「ある研究によると」のように、第三者の報告や意見を示すときに使います。

---

2 「…にしたがって」という意味もある

according to...には「…にしたがって」「…に準じて」という意味もあります。

例 Everything is going **according to** schedule.
(すべてはスケジュールどおりに進んでいる)

---

3 in accordance with...との使い分けは?

in accordance with...にも「…にしたがって」の意味がありますが、こちらは「契約やルールにしたがって」という場面で使われます。

例 This is **in accordance with** the laws of Japan.
(これは日本の法律にしたがっています)

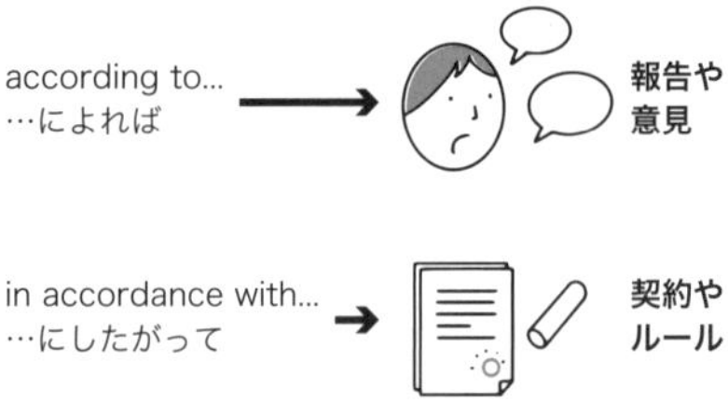

53 I managed to...

(何とか…しました。)

I managed to finish it.
(何とかそれを終わらせた。)

1 一筋縄ではいかなかったものを何とかしたと言う型（パターン）

例 **I managed to** finish the work.
(何とかその仕事を終えた)

例 **I managed to** pass the exam.
(何とか試験に合格した)

例 **I managed to** get there on time.
(何とか時間どおりにそこに着いた)

「いやぁ、もう、何とか…できたよ」と言いたいときに使える型。一筋縄ではいかなかったけれども、結果的には何とかなったという場合に使います。

manage to...で「どうにか…する」「何とか…する」。**manage**は、もともと「うまくどうにかする、何とかする」という意味なので、簡単にできることには使いません。

---

2 同じ意味のjust barelyも覚えておこう

例 I **just barely** finished the work.
(何とかその仕事を終えた)

just barelyを使っても同じ意味になります。

barelyは「かろうじて」という意味で、**just**を加えることで「本当にかろうじて」のように、よりギリギリな印象を与えています。

54 For some reason...

（なぜだか…／何らかの理由で…）

For some reason I don't feel well.
（なぜだか気分がすぐれない。）

1 理由や原因がはっきりしないときの型（パターン）

例 **For some reason** he didn't come.
（何らかの理由で彼は来なかった）

例 **For some reason** I can't access my e-mail.
（なぜだかメールにアクセスできない）

理由がはっきりとわからない。それでも、「何らかの理由で」と伝えたいときがありますよね。そんなときに使えるのが**For some reason...**です。

for some reasonは、文頭にも文末にもつけられます。

文頭につけると、その理由がわからず、疑問に感じている様子がより出ます。文末につけると、感覚的に何となくよくわからない様子が出ます。

また、some reasonは「いくつかの理由で」ではありません。このsomeは「何らかの」や「とある」という意味で使われています。そのため、reasonが単数形なのです。もし、someが「いくつかの」の意味で使われていれば複数形（reasons）になります。

---

2 I don't know why, but...もある

I don't know why, but...「なぜだかわからないが…」も似た意味の表現です。

例 **I don't know why, but** I don't feel well.
（なぜだかわからないけど、気分がすぐれない）

55 I'm about to...
(…しようとしているところです。)

I'm about to go out now.
(今、まさに家を出ようとしているところ。)

1 今、まさにしようとしているときの型（パターン）

例えば、家を出ようとした瞬間に電話が鳴って「何しているの？」と聞かれたら「今、まさに家を出ようとしているところ」と言いますよね。

I'm about to...は「今まさに…しようとしているところ」という型です。まだスタートしていないことに使います。

toの後は必ず、動詞の原形がくることに注意しましょう。

また、I was about to go out.と過去形にすると、「まさに出かけようとしていたところ」という意味になります。

2 I'm going to...と混同しないように

I'm about to...は「まさに今」しようとしていることに使います。

一方で、I'm going to...「…するつもり」(▶型05) は、近い未来の予定を話すときにのみ、使います。

56 Make sure...

（必ず…するようにしてください。）

Make sure you get there by 9.
（9時までに必ずそこに行ってね。）

1 相手に確実にしてほしいときの型（パターン）

例 **Make sure** you complete this by lunch break.
（昼休憩までに絶対、これを完成させてね）

相手に確実に何かをしてほしいときに便利なのが、**Make sure...** です。

そもそも、make sure は「確かめる」「確認する」という意味。Please make sure.（確認してください）、make sure of a fact（事実を確かめる）のように使います。

命令形のMake sure +［主語］+［動詞］で「…を確かめて」、つまり「必ず…してね」「必ず…するようにしてください」になります。

例 **Make sure** you wake up at seven tomorrow.
（明日は必ず、7時に起きてね）

---

2 Make sure + to +［動詞］もある

make sureのうしろには、常に主語と動詞がくるわけではありません。make sureの後にto +［動詞］を置いて、「必ず…すること」「必ず…するように」という使い方もできます。

例 Make sure **to back up** your data.
（必ず、データのバックアップをしてね）

例 Please make sure **to attend** the meeting.
（必ず、ミーティングには出席してください）

例 Make sure **to send** that by Tuesday.
（火曜日までに必ず、それを送るように）

57 That's why...

(だから…なのです。)

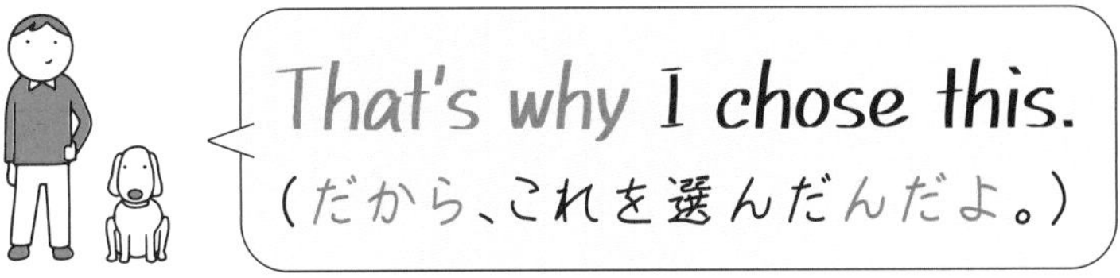

That's why I chose this.
(だから、これを選んだんだよ。)

1 理由をまとめて伝える型（パターン）

例 **That's why I wanted to go home.**
(だから家に帰りたかったんだよ)

例 **That's why I can't agree.**
(だから賛成できないんだよ)

「だから…なんだよ」「だから…だったんだよ」と、理由をまとめるのが **That's why...** です。whyのうしろには[主語] +[動詞]のある文がきます。

例えば、事前の注意をよく聞かずミスをしてしまった人に、**That's why I told you.**（だから言ったんだよ）と言えます。

また、お気に入りのレストランに連れて行った友人に「ここ、おいしいね」と言われたら、**That's why I like this place.**（だからここが好きなんだよね）と返せます。このように自分の言いたいことをまとめる役割も果たします。

---

2 理由に納得するときにも使える

例 A：昨日、上司につかまったから彼は来られなかったんだって。
B：Oh, **that's why** he didn't come last night.
(あぁ、だから彼、昨夜来られなかったんだ)

例文のように、理由への納得を示すときにもよく使われます。
「あぁ、そういうことだったのかぁ」というニュアンスです。

58　Why didn't you...?

（なぜ…してくれなかったのですか?）

Why didn't you come?
(なんで来なかったの?)

1　理由を問いただす型（パターン）

例 **Why didn't you** tell me that?
（なんでそれを教えてくれなかったの？）

例 **Why didn't you** invite her?
（なんで彼女を誘わなかったの？）

「なんで…してくれなかったの？」「なんで…しなかったの？」と、**Why didn't you...?** で理由を問いただせます。

「(してほしかったのに、なぜあなたはそれをしなかったのか) その理由を知りたい」気持ちが感じ取れます。

Why didn't you say so?（なんでそう言わなかったの？）は、口喧嘩になったときによく聞くフレーズです。

2　現在形にすると提案になる

Why didn't you...? ではなく、**Why don't you...?**（▶型29）と現在形にすると「提案」の意味に変わります。

理由を問いただす	提案する
Why didn't you...? なぜ…しなかったの？	Why don't you...? …してみてはどう？

理由！

提案

59 I'm planning to...

（…しようと思っています。）

I'm planning to go to her house.
（彼女の家に行こうと思ってる。）

1 固まっていない予定を伝える型（パターン）

例 **I'm planning to** go to Brussels next year.
（来年、ブリュッセルに行こうと思っている）

例 **I'm planning to** go back to my hometown.
（故郷に戻ろうと思っています）

「…しようと思っている」という意味で使えるのが、**I'm planning to...**です。

進行形であることからもわかるように、まだ固まりきっていないスケジュールを伝えるニュアンスがあります。

---

2 I'm scheduled to...との違いは？

予定としてはっきり決まっているときは、**be scheduled to...**を使うとよいですね。

例 **I'm scheduled to** have an interview this afternoon.
（午後に面接を受けることになっています）

例文のように自分の意思で決めていない予定を表すことも多くあります。

I'm planning to...
➜ 固まっていない予定

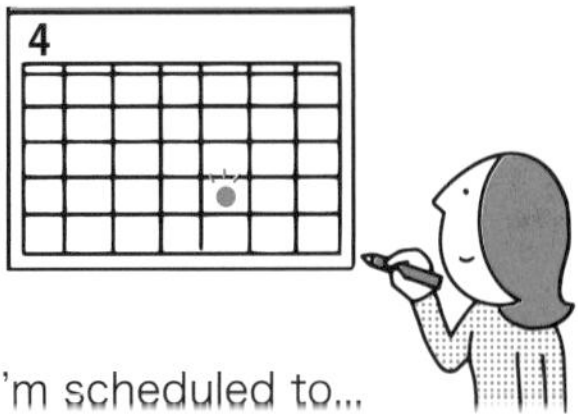

I'm scheduled to...
➜ はっきり決まっている予定

62

60 It's worth...

(…の価値があります。)

It's worth watching.
(観る価値があるよ。)

1 「価値があるよ」と相手の行動を促す型（パターン）

例 **It's worth going.** (行く価値があるよ)

相手の行動を促したいときに効果的なのが、It's worth...「…の価値があるよ」です。

相手がリスクを感じていたり、その価値をあまり理解していなかったりして、うずうずするときにぜひ使ってみてください。

---

2 worthの後は名詞か動名詞

worthの後には、[名詞] か [動名詞 (-ing形)] がきます。

名詞	It's worth **a million dollars.** (100万ドルの価値があるよ)
動名詞 (-ing形)	It's worth **trying.** (やってみる価値があるよ)

tryを名詞として使い、It's worth a try. とも言います。こちらのほうが口語的です。

---

3 worthに似た単語worthwhile

worthに似た単語に、worthwhile「やりがいのある」という形容詞があります。

例 It's a **worthwhile** job. (それはやりがいのある仕事です)

例 It's really **worthwhile.** (それはやる価値があるよ)

61 Why do you...?

(なぜ…するのですか?)

Why do you think so?
(なぜそう思うの?)

1 相手がしていることの理由を尋ねる型(パターン)

例 **Why do you say that?**
(なぜそんなことを言うのですか?)

例 **Why do you wake up at 5?**
(なぜ5時に起きるんですか?)

「なぜあなたは…するのですか?」と、相手がしていることの理由を尋ねるのがWhy do you...? です。

基本的な型ではありますが、しっかりと使えるように語順を含めて、改めて覚えておきたいですね。

---

2 過去のことを尋ねるときは?

過去のことを尋ねるときは、doをdidに変えればよいです。過去の行動の理由をシンプルに尋ねられます。

例 **Why did you wake up at 5 this morning?**
(なんで今朝は5時に起きたの?)

単純に理由を尋ねるだけではなく、少しイラっとしている気持ちをぶつけるときにもWhy did you...? を使うことがあります。

例 **Why did you say that?**
(なんでそんなことを言ったんですか?)

文脈次第では「言わなくてもよかったんじゃないの?」という気持ちが含まれていることもあります。

62 That's what...

(それが［まさに］…ことです。)

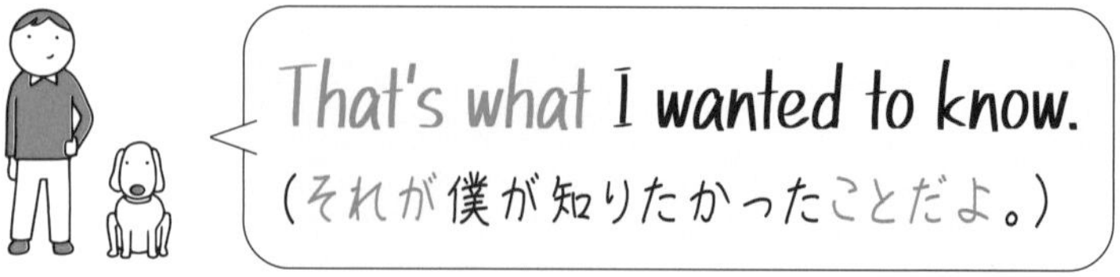

That's what I wanted to know.
(それが僕が知りたかったことだよ。)

1 「まさに」と強調する型（パターン）

例 **That's what** she wanted to say.
(それが、彼女が言いたかったことです)

例 **That's what** I thought. (それが、私が考えたことだよ)

「それが（まさに）…（しようとしていた）ことだよ」と、強調する型です。口語でよく使われます。

That is を That's と短縮して、That's what... です。

---

2 That's exactly what... と言うことも

例 **That's exactly what** I wanted to buy.
(それがまさに私が買いたかったものです)

例 **That's exactly what** I was thinking.
(それがまさに私が考えていたことです)

「まさに」という意味の exactly を加えることで、より強調できます。

私がまさに言いたかったこと
That's what... → それが…ことだよ
exactly まさに
強調

63 Whenever I...,

（私が…するたびに、）

Whenever I see this, I feel happy.
（これを見るたびに、幸せになる。）

1 「…するたびに」と言う型（パターン）

例 **Whenever I** listen to this song, I feel calm.
（この曲を聞くたびに心が落ちつく）

「…するたびに」と言いたいときは、**Whenever I...,** が使えます。

このWhenever I +［動詞］は、文のうしろに持ってくることもできます。

例 I feel frustrated **whenever I** think about that.
（それについて考えるたびに、ストレスを感じる）

例 I want to hear your voice **whenever I** feel lonely.
（寂しいときはいつもあなたの声が聞きたくなる）

---

2 -everを使いこなそう

Wheneverの他に、Whatever（何でも）やWherever（どこでも）なども使えるといいですね。

例 I'll buy you **whatever** you want.
（君がほしいものは何でも買うよ）

例 You can say **whatever** you want.
（言いたいことは何でも言っていいよ）

例 You may go **wherever** you like.
（どこでも好きなところに行っていいよ）

例 **Wherever** you are, I think of you.
（あなたがどこにいても、私はあなたのことを思っているよ）

64 I didn't mean to...

(…するつもりではなかったのです。)

I didn't mean to lie.
(嘘をつくつもりじゃなかったんだ。)

1 意図を説明して、弁明する型（パターン）

mean to... は「…するつもり」「…する予定です」と、何かをする意向があることを伝える型です。

その否定形、didn't mean to は「（自分のしたことが意図せず悪い結果になってしまったことに対して）そんなつもりじゃなかった」「こうするつもりじゃなかった」という意味で使います。

例 **I didn't mean to** lie.
（嘘をつくつもりじゃなかったんだ）

このように、意図せず相手を怒らせてしまったり、傷つけてしまったりしたときに、「自分の行動のせいで起こった悪い結果に、後悔や反省をしている」ことを示します。

物理的に起こったことだけでなく、精神的に傷つけたことや言葉などに対して、弁明するのにも使えます。

---

2 Sorry. と一緒に使うことが多い

通常、最初にSorry.をつけて I didn't mean to... と続けます。

例 **Sorry. I didn't mean to** laugh.
（ごめん。笑うつもりじゃなかったんだ）

例 **Sorry. I didn't mean to** hurt your feelings.
（ごめん。気を悪くさせるつもりじゃなかったの）

65 I wish...

(…だったらいいのになぁ。)

I wish I had more time.

(もっと時間があったらいいのに。)

1 実現性の低いことを願う型（パターン）

wishは「…だったらいいのになぁ」と実現性の低いことを願う動詞です。同じ「願う」という意味の動詞hopeは、叶う可能性があるときに使います。

---

2 wishは仮定法で使うことが多い

例 I wish I **could** fly.（飛べたらいいのになぁ）

現在のことでも、I wishの後は過去形にします（canが過去形のcouldになっている）。

---

3 過去を嘆くときは過去完了形を使う

「あのとき、ああしておけばよかった」と過去のことを今、嘆くときは、I wishの後の動詞を過去完了形にします。

例 I wish I **had had** more time then.
（あのとき、もっと時間があったらなぁ）

例 I wish I **had not done** it.（それをやらなかったらよかった）

---

4 wishの別の使い方とは?

例 We wish you a Merry Christmas.（素敵なクリスマスを！）

このwishは「祈る」。人の幸運や成功などを祈るときに、[主語] + wish + [人] + [何を祈るか] という語順で使います。

66 I can't help ...ing

(…せずにはいられません。)

I can't help laughing.
(笑わずにはいられない。)

1 思わずやってしまうことに使える型(パターン)

頭ではわかっているけれど(自分の意に反して)思わずやってしまう、「…せずにはいられない」ことってありますよね。そんなときに使えるのが、**I can't help ...ing**です。

㊞ **I can't help eating so much.**(食べすぎずにはいられない)
意訳すると「ついつい食べすぎてしまう」という意味になります。

2 I can't help it.も覚えておこう

直訳すると「私はそれを助けることができない」。これは「仕方がない、どうしようもない」という意味の定番フレーズです。

3 I can't stop ...ingとの違いは?

I can't help ...ingは、その動作はスタートしていないものの「思わず…してしまう」ニュアンスです。

一方、**I can't stop ...ing**は、すでにその動作が始まっていて、それを止めることができないニュアンスです。

例えば、花粉の季節には**I can't stop sneezing.**(くしゃみが止まらない!)と言えますね。

I can't help laughing.
笑わずにはいられない。

I can't stop laughing.
笑いが止まらない。

211 1人で食事するのは嫌じゃないよ。

I don't alone.

212 なぜ毎年、高知に行くのですか？

do you Kochi every year?

213 なぜ電車で来なかったの？

didn't you come train?

214 彼女の気持ちを傷つけるつもりではなかった。

I didn't to hurt her .

215 何となく（感覚的に）、この場所が好き。

I like this for some .

216 努力する価値があるよ。

It's the .

217 発言には注意してね。

Be of you say.

HINTS

211
1人で食事する＝1人で食べる

212
行く＝訪ねる

213
手段を表す前置詞を使って「電車で」

214
「気持ち」は複数形

215
何となく＝何らかの理由で

216
ここでは「努力する」が名詞になっている

217
発言＝何をあなたが言うか

211 I don't mind eating alone.

1人で食事するのは嫌じゃないよ。

aloneは「1人で」。「そこに1人で行くのは大丈夫だよ」はI don't mind going there alone.と言えます。 ▶型51

---

212 Why do you visit Kochi every year?

なぜ毎年、高知に行くのですか？

every yearで「毎年」。every weekやevery monthにアレンジできます。動詞が1語なのでgo toではなくvisitを入れましょう。 ▶型61

---

213 Why didn't you come by train?

なぜ電車で来なかったの？

手段を表すにはbyを使います。冠詞のaなどはつけず、by trainとすることに注意しましょう。 ▶型58

---

214 I didn't mean to hurt her feelings.

彼女の気持ちを傷つけるつもりではなかった。

hurtは「…を傷つける、怪我をさせる」。自分が傷ついたときは、受動態にしてI **was** very **hurt**.（私はとても傷ついた）と使います。 ▶型64

---

215 I like this place for some reason.

何となく（感覚的に）、この場所が好き。

for some reasonが文末にあるので「よくわからないけど、何となく」というニュアンスが強くなります。 ▶型54

---

216 It's worth the effort.

努力する価値があるよ。

effortは「努力」という意味。「努力を要するけれど、その価値がある」と伝えたいときに、ぜひ使ってみてください！ ▶型60

---

217 Be careful of what you say.

発言には注意してね。

粗相のないように発言を戒めるフレーズ。ofの代わりにaboutを使ってもOKです。 ▶型47

218 ビールを飲まずにはいられない。

I can't ____ ____ beer.

219 英語で連絡してくれても問題ないですよ。

I don't ____ ____ you contact me in English.

220 ピザの最後のひと切れを何とか食べた。

I ____ to ____ the last slice of pizza.

221 だからあなたに言ったのに。

That's ____ I ____ you.

222 そんなこと聞いたことがない。

I've ____ ____ such a thing.

223 野球の代わりにサッカーをしてもいいよ。

I don't ____ ____ we play soccer instead of baseball.

HINTS

218
どうしてもビールを飲んでしまうというニュアンス

219
直訳は「英語で連絡してくれても嫌ではないですよ」

220
eat以外の「食べる」という動詞を使ってみよう

221
後半の時制に注意

223
直訳は「私たちが野球の代わりにサッカーをしても嫌じゃないよ」

218 I can't help drinking beer.

ビールを飲まずにはいられない。

夏の暑い日や仕事で疲れて1杯飲みたいときにぴったりな表現。まだビールを飲んではいないですが、思わず飲んでしまうニュアンスです。 ▶型66

---

219 I don't mind if you contact me in English.

英語で連絡してくれても問題ないですよ。

「問題ないですよ」はつまり「嫌ではない」なので、I don't mind...です。その後は文 (you contact me...) が続くのでifを使います。 ▶型51

---

220 I managed to grab the last slice of pizza.

ピザの最後のひと切れを何とか食べた。

grabには「がっしりとつかむ」の他に、「食べる」という意味もあります。Let's **grab** some drinks. (飲みに行こう) のように使います。 ▶型53

---

221 That's why I told you.

だからあなたに言ったのに。

tellの過去形、toldにすることに注意。せっかく助言したのにそれを聞かず、トラブルになってしまったときに使えるフレーズです。 ▶型57

---

222 I've never heard such a thing.

そんなこと聞いたことがない。

such a thingで「このようなこと、そのようなこと」。 ▶型43

---

223 I don't mind if we play soccer instead of baseball.

野球の代わりにサッカーをしてもいいよ。

instead of...「…の代わりに」。うしろに文 (we play soccer...) がきているので、ifを使ってI don't mind if...「…してもいいよ (大丈夫だよ)」が適切です。 ▶型51

224 あなたはなぜ私に来てほしいのですか？

do you want to come?

225 なぜ試さなかったの？

didn't you it a try?

226 彼のアドバイスにしたがうだけでよいです。

you have to do is his advice.

227 地図によると、私たちはもうすぐだ。

to the map, we are there.

228 この曲を聞くたびに、子どもの頃を思い出す。

I listen to this song, I'm of my childhood.

229 私は寒いのは平気だよ。

I don't the .

Hints

224
私に来てほしい＝私が来ることがほしい

226
「したがう」は今やSNSでもよく見かけるあの単語

227
もうすぐだ＝ほぼそこにいる

228
childhood＝子ども時代

229
寒いのは平気だよ＝寒さは嫌ではない

224 **Why do you want me to come?**

あなたはなぜ私に来てほしいのですか?

「[人]に…してほしい」と言うときは、want + [人] + to... と表現します。

▶型61

---

225 **Why didn't you give it a try?**

なぜ試さなかったの?

give it a tryで「(それを)試してみる」。口語でよく使います。「試したらよかったのに」という気持ちが伝わるフレーズです。 ▶型58

---

226 **All you have to do is follow his advice.**

彼のアドバイスにしたがうだけでよいです。

followは「ついていく、したがう、追求する」という意味。「アドバイス」の名詞はadvice、動詞はadviseです。 ▶型45

---

227 **According to the map, we are almost there.**

地図によると、私たちはもうすぐだ。

almost thereで「ほぼそこに」、つまり「(物理的に) もうすぐだ」。almostは、almost correct「ほぼ正解」、almost all Japanese people「ほぼすべての日本人」のように使えます。 ▶型52

---

228 **Whenever I listen to this song, I'm reminded of my childhood.**

この曲を聞くたびに、子どもの頃を思い出す。

remind + [人] + of...で、「[人]に…を思い出させる」。ここでは受け身なので「…を思い出す」という意味です。 ▶型63

---

229 **I don't mind the cold.**

私は寒いのは平気だよ。

これと反対の意味の文は、I hate the cold. (寒いのは嫌い)、I cannot (can't) stand the cold. (寒さは耐えられない) など。 ▶型51

230 なぜこれを選んだの？

you choose this?

時制に注意

---

231 怒らずにはいられない。

I can't angry.

怒る＝be angry

---

232 なぜ海外で働きたいのですか？

do you want to work ?

---

233 診てもらったほうがいいよ。

You'd a doctor.

診てもらう＝医者と会う

---

234 ものすごい価値があるよ。

It's a dollars.

「ものすごい価値」をたとえて「100万ドルの価値」と言っている

---

235 これが二度と起こらないようにしてください。

Make this does not again.

起こらないようにしてください＝必ず起きないようにしてください

---

236 星占いによると、今日はラッキーらしいよ。

to the ,

you will be lucky today.

星占い＝〇〇スコープ

230 Why did you choose this?

なぜこれを選んだの?

文脈次第では「選ぶべきではなかったのでは?」の意味に。 ▶型61

231 I can't help being angry.

怒らずにはいられない。

抑えた怒りがこみ上げてくる様子が伝わってきます。helpの後は必ず動名詞(being)にしましょう。 ▶型66

232 Why do you want to work abroad?

なぜ海外で働きたいのですか?

abroadをin Japan「日本で」などに変えてアレンジできます。 ▶型61

233 You'd better see a doctor.

診てもらったほうがいいよ。

アドバイスではなく警告のニュアンスです。 ▶型50

234 It's worth a million dollars.

ものすごい価値があるよ。

a million dollarsで「100万ドル」。直訳は「100万ドルの価値があるよ」ですが、これは比喩で「価値がとても高い」という意味です。 ▶型60

235 Make sure this does not happen again.

これが二度と起こらないようにしてください。

忠告したいときに使えます。「二度と起こらない」=「再び起こらない」と考えるとagainだとわかります。 ▶型56

236 According to the horoscope, you will be lucky today.

星占いによると、今日はラッキーらしいよ。

「星占い」はhoroscopeです。scopeはギリシャ語で「見るもの」。telescope「望遠鏡」、microscope「顕微鏡」などがあります。 ▶型52

237 なぜだか明日、亀田さんが来るようだ。

For some Mr. Kameda come tomorrow.

---

238 今まで数学が得意だったことは一度もない。

I've been at math.

---

239 ただメリークリスマスと言いたかっただけ。

I wanted to Merry Christmas!

---

240 本当にごめんなさい。驚かせるつもりではなかったの。

I'm so sorry. I didn't to you.

---

241 一石二鳥を狙っています。

I'm to two birds with one stone.

---

242 早起きすることには慣れています。

I'm to up early.

Hints

238
…が得意だ＝…が上手だ

239
「言う」はもっとも基本的な一般動詞を使う

240
喜ばせる驚きも、ビクッとさせる驚きも同じ動詞を使う

241
kill two birds with one stone＝一石二鳥

242
早起きには慣れている状態

237 For some reason Mr. Kameda will come tomorrow.

なぜだか明日、亀田さんが来るようだ。

理由はよくわからないけれど「来るみたいだ」というニュアンスです。普段来ない人がひょっこり来そうなときに使えます。 ▶型54

---

238 I've never been good at math.

今まで数学が得意だったことは一度もない。

be good at... で「…が得意（上手）である」。否定を強調するneverで「一度も…ない」です。 ▶型43

---

239 I just wanted to say Merry Christmas!

ただメリークリスマスと言いたかっただけ。

Merry Christmasの代わりに、good morningやgood-bye、Happy birthdayなどに置き換えて応用してみましょう。 ▶型49

---

240 I'm so sorry. I didn't mean to surprise you.

本当にごめんなさい。驚かせるつもりではなかったの。

surpriseは「不意をついて驚かせる」。喜ばせる「サプライズ」の意味だけでなく、相手をビクッとさせたときにも使います。 ▶型64

---

241 I'm planning to kill two birds with one stone.

一石二鳥を狙っています。

kill two birds with one stoneは「1つの石で2羽の鳥を落とす」という意味で、まさに「一石二鳥」です。 ▶型59

---

242 I'm used to getting up early.

早起きすることには慣れています。

get up earlyで「早起きする」、stay up late at nightで「夜更かしをする」。be used to... の後は動名詞（getting）にします。 ▶型44

243 予報によると、明日は晴れるようだ。

　　　　to the 　　　　, it will be sunny tomorrow.

244 寝つくところだよ。

I'm 　　　 to 　　 to sleep.

245 なんでそうしたいの？

　　　　 do you 　　　 to do that?

246 ブラインドを上げてもいいですか？

Do you 　　　 if I 　　　 up the blinds?

247 床に落ちる前に何とかグラスをキャッチした。

I 　　　　 to catch the glass before it 　　　 the ground.

248 それを心配せざるを得ない。

I can't 　　　　　　 about that.

HINTS

243
「…によると」と第三者の情報を示している

244
寝つく＝眠りに入る

245
そうしたい＝そうすることをしたい

246
…してもいいですか？＝…したら気になりますか？

247
before it 　　 the ground「床に落ちる前に」の直訳は「それが地面に当たる前に」

248
どうしても心配してしまうニュアンス

243 **According to the forecast, it will be sunny tomorrow.**

予報によると、明日は晴れるようだ。

天気予報はweather forecastやweather predictionとも。it will be sunny...と明らかに天気の話をしているのでforecastだけでOK。 ▶型52

---

244 **I'm about to go to sleep.**

寝つくところだよ。

go to bedは「ベッドに入る」で、go to sleepは「眠りに入る、寝つく」。このsleepは名詞です。 ▶型55

---

245 **Why do you want to do that?**

なんでそうしたいの？

単純に理由を尋ねています。doをwouldに変えてWhy would you want to do that? とすると、懐疑的なニュアンスが含まれます。例えば「来月、アメリカに行くんだ」に対してwouldで聞き返すと、いいとは思っていない気持ちが含まれます。 ▶型61

---

246 **Do you mind if I draw up the blinds?**

ブラインドを上げてもいいですか？（嫌じゃないかな？）

draw upで「上げる」、draw down the blindsで「ブラインドを下げる」。答えるときはNo.（いいです）、Yes.（ダメです）。 ▶型48

---

247 **I managed to catch the glass before it hit the ground.**

床に落ちる前に何とかグラスをキャッチした。

before it fell「それが落ちる前」では地面についた場合も含むので、before it hit the ground「地面に当たる前」が自然。 ▶型53

---

248 **I can't help worrying about that.**

それを心配せざるを得ない。

worry about...「…について心配する」。worry aboutの対象は、今回のように物や事でも、worry about youのように人でもよいです。 ▶型66

249 それをやっていたらよかったなぁ。

I　　　I had　　　it.

---

250 少しずつそれに慣れているところ。

I'm getting　　　to it little　　　little.

---

251 階段に気をつけて。

Be　　　of the　　　.

---

252 だから彼女のことが好きなんだよね。

That's　　　I　　　her.

---

253 あなたの邪魔をするつもりはなかったんです。

I didn't　　　to　　　you.

---

254 在学中にもっと勉強しておけばよかったなぁ。

I　　　I　　　worked harder when I was at school.

---

255 二度と遅れてはいけないよ。

You'd　　　not　　　late again.

Hints

249
「やっていたら」と過去のことを嘆いている

250
慣れているところ＝慣れていく変化を表現

251
階段は複数あるので…

253
邪魔をする＝妨害する

254
「在学中にしておけばよかった」と過去のことを嘆いている

255
否定形のnotが入っても動詞は必ず原形

249 I wish I had done it.

それをやっていたらよかったなぁ。

過去のことを嘆いているので、wishの後は過去完了形（had done）。 ▶型65

250 I'm getting used to it little by little.

少しずつそれに慣れているところ。

慣れていく変化なので、get used to...「…に慣れる」を現在進行形にします。little by littleで「徐々に、少しずつ」。 ▶型44

251 Be careful of the steps.

階段に気をつけて。

「階段」は複数なのでstepsとします。注意を促しているのでofを使います。 ▶型47

252 That's why I like her.

だから彼女のことが好きなんだよね。

彼女の魅力を伝えた後、結びとして使うとよいフレーズです。 ▶型57

253 I didn't mean to disturb you.

あなたの邪魔をするつもりはなかったんです。

disturbは「乱す、妨害する」。ホテルのドアに掛かっているDo not disturb. という札は「（睡眠の）邪魔をしないでください」。 ▶型64

254 I wish I had worked harder when I was at school.

在学中にもっと勉強しておけばよかったなぁ。

過去のことを嘆いているので、wishの後は過去完了形（had worked）にします。このworkは「勉強する」。be at schoolで「在学中に」。 ▶型65

255 You'd better not be late again.

二度と遅れてはいけないよ。

「遅れるとクビになるよ」などのネガティブなニュアンスが隠れています。You'd better not +［動詞］という語順に注意。 ▶型50

256 読む価値があるよ。

It's _____ _____ .

---

257 力を出し切るだけでいいよ。

_____ you have to do is do your _____ .

---

258 新しい仕事にはまだ慣れていない。

I'm still _____ _____ to my new job.

---

259 ただ質問したかっただけ。

I _____ wanted to ask a _____ .

---

260 彼女のことを理解できたことがない。

I've _____ _____ her.

---

261 ただ聞いてもらいたかっただけ。

I _____ wanted to be _____ to.

---

262 批判されることには慣れています。

I'm _____ to _____ criticized.

HINTS

257
力を出し切る＝ベストをつくす

258
否定形の語順に注意

259
質問する＝質問を尋ねる

260
理解できたことがない＝理解したことが一度もない

261
聞いてもらいたい＝聞かれることがしたい

262
「批判する」はcriticize

256 It's worth reading.

読む価値があるよ。

お勧めするときに使える表現ですね。この表現で、本書をみなさんのお友達にぜひ勧めてみてください。 ▶型60

257 All you have to do is do your best.

力を出し切るだけでいいよ。

do your bestは「頑張れ」ではなく、「できることをすべて出し切る」。doを使わず、All you have to do is your best.もOK。 ▶型45

258 I'm still not used to my new job.

新しい仕事にはまだ慣れていない。

I'm used to...の否定形。「まだ」を強調するstillの位置に気をつけましょう。 ▶型44

259 I just wanted to ask a question.

ただ質問したかっただけ。

ask a question「質問する」は、会話で頻出です。 ▶型49

260 I've never understood her.

彼女のことを理解できたことがない。

「彼女を理解できない」ことを強調しています。understandの後に［人］を置くと「［人の気持ちや考え］を理解する」になります。 ▶型43

261 I just wanted to be listened to.

ただ聞いてもらいたかっただけ。

listen to...「…を聞く」の受動態を使って、be listened to「聞いてもらう」。listen toのtoは、受動態になっても残ります。 ▶型49

262 I'm used to being criticized.

批判されることには慣れています。

criticizeで「批判する」。「批判される」なので受動態にします。be used to... の後は動名詞（being criticized）にします。 ▶型44

263 言葉の選択には気をつけてね。

Be in your choice of .

HINTS

263
「言葉」は複数形

---

264 何とか終電に間に合った。

I to the last train.

264
終電に間に合う＝終電をつかまえる

---

265 最後のひと切れをもらってもいいですか？

Do you if I have the last ?

265
もらってもいいですか？＝もらったら気になりますか？

---

266 何とか宿題を終えた。

I to my homework.

---

267 まだ一度も海外に行ったことがない。

I've abroad before.

267
「行ったことがある」はgoではない

---

268 ここに座ってもいいですか？

Do you if I sit ?

268
嫌ですか＝気にしますか＝いいですか

263 Be careful in your choice of words.

言葉の選択には気をつけてね。

言葉遣いに厳しい、気難しい相手と話す前に使えるフレーズです。「言葉」は、wordsと複数形になります。 ▶型47

---

264 I managed to catch the last train.

何とか終電に間に合った。

the last trainは「最後の電車」、つまり「終電」。「何とか終電をつかまえた」、つまり「何とか終電に間に合った」です。 ▶型53

---

265 Do you mind if I have the last slice?

最後のひと切れをもらってもいいですか？（嫌じゃないかな？）

直訳は「最後のひと切れをもらったら気になりますか（嫌ですか）？」で、そこから「最後のひと切れをもらってもいいですか？」という意味になります。sliceは「ひと切れ」という意味で、ピザ、チーズ、パンやハムに使います。ケーキならばpieceになるので注意。 ▶型48

---

266 I managed to finish my homework.

何とか宿題を終えた。

夏休みの最後のようにギリギリに宿題を終えた場合や、難しい宿題を何とか終えた場合に使えます。 ▶型53

---

267 I've never been abroad before.

まだ一度も海外に行ったことがない。

abroadは「海外へ」。live abroad「海外で暮らす」、study abroad「海外で勉強する＝留学する」と使います。「行ったことがある」はbeenを使います。行く（go）に引きずられてgoneとしないように。 ▶型43

---

268 Do you mind if I sit here?

ここに座ってもいいですか？（嫌じゃないかな？）

例えば、知らない人の隣が空いていて「誰かの席だったらどうしよう？」と思ったときに、気を遣いながら座る許可を取るのに使えます。 ▶型48

269 それが、私が考えていたことです。

That's　　　I　　　thinking.

HINTS

---

270 だから彼女は君に怒ったんだよ。

That's　　　she　　　angry with you.

270
君に怒った＝君に怒っていない状態から怒った状態になった

---

271 朝食を抜くことには慣れています。

I'm used to　　　breakfast.

271
朝食を抜く＝朝食をスキップする

---

272 彼らのライブを考えるたびに、すごく興奮する。

I get so　　　I think about their live performances.

272
「興奮している」ではなく「興奮する」

---

273 だから彼は遅刻したんだね。

That's　　　he　　　late.

273
後半の時制に注意

---

274 もっと時間があったらいいのになぁ。

I　　　I　　　more time.

274
もっと時間があったら＝もっと時間を持っていたら

---

275 （イライラして）爆発しそう！

I'm　　　to　　　!

275
爆発しそう＝今まさに爆発するところ

269 **That's what I was thinking.**

それが、私が考えていたことです。

「まさにそう思っていました」と同意の意味でも使えます。 ▶型62

---

270 **That's why she got angry with you.**

だから彼女は君に怒ったんだよ。

be angry「怒っている」は状態、get angry「怒る」は怒る状態への変化を表します。 ▶型57

---

271 **I'm used to skipping breakfast.**

朝食を抜くことには慣れています。

skipで「…を抜く」。skip school「学校をずるして休む」。 ▶型44

---

272 **I get so excited whenever I think about their live performances.**

彼らのライブを考えるたびに、すごく興奮する。

英語のliveは「生きた、活気のある」という形容詞です。「ライブ」は通常、live performancesと言います。 ▶型63

---

273 **That's why he was late.**

だから彼は遅刻したんだね。

例えば、彼が夜ふかししたことを知っていて、時間どおりに来るか心配していたら案の定、遅刻してきた…。そんなときに使えます。 ▶型57

---

274 **I wish I had more time.**

もっと時間があったらいいのになぁ。

今、時間がないことを嘆いているので、wishの後は過去形（had）。「時間がある」は「時間を持つ」と考えてhave timeです。 ▶型65

---

275 **I'm about to explode!**

（イライラして）爆発しそう！

explodeで「爆発する」。「ピザ、全部食べちゃった。食べすぎた（I'm about to **explode**.）」とも使えます。 ▶型55

276 私の知る限り、彼はいいやつだ。

As　　as I know, he is a nice 　　.

277 それが彼について私が知っていることです。

That's　　I　　about him.

278 彼の言っていることを聞いたほうがいいよ。

You'd　　　　to him.

279 ちょうど今、彼女に電話するところ。

I'm just　　to　　her.

280 行ってみる価値があるよ。

It's　　　　.

281 怪我しないように注意してくださいね。

Please be　　not to hurt.

HINTS

276
日本語でも「いい人」をナイスガイと言いますね

278
・言っていることを聞く＝耳を傾ける
・強い警告のニュアンス

281
怪我をする=hurt（傷つく）を受ける

276 As far as I know, he is a nice guy.

私の知る限り、彼はいいやつだ。

断定していないので、まだ関係が浅い可能性があります。「数回会った程度の判断だけど、いいやつだよ」というニュアンスですね。 ▶型46

---

277 That's what I know about him.

それが彼について私が知っていることです。

彼がどんな人かを紹介した上で、最後の締めくくりとして、この表現を使うとよいですね。 ▶型62

---

278 You'd better listen to him.

彼の言っていることを聞いたほうがいいよ。

You'd betterを使っているので、「彼の言っていることを聞かないと失敗するよ」と強い警告をしている表現です。 ▶型50

---

279 I'm just about to call her.

ちょうど今、彼女に電話するところ。

justを入れると「ちょうど今」ということを強調できます。I'm about to...の後は、必ず動詞の原形（ここではcall）です。 ▶型55

---

280 It's worth going.

行ってみる価値があるよ。

過去に行ったことがある場所をお勧めするときに使える表現です。worthの後は動名詞（going）にしましょう。 ▶型60

---

281 Please be careful not to get hurt.

怪我しないように注意してくださいね。

get hurtで「怪我をする」。get injuredも「怪我をする」ですが、こちらは「事故などで怪我をする」ときに使います。「…しないように気をつける」なので、be careful not to + [動詞] です。 ▶型47

282 ここに1週間いようかと思っています。

I'm to here for a week.

---

283 全力をつくしたほうがいいよ。

You'd it all you've got.

---

284 なぜだか、彼女は泣き出した。

For some she started .

---

285 最高の気分だ。

I've felt .

---

286 私の知る限りでは、テストは金曜日だよ。

As as I know, the test is Friday.

---

287 何となく、悪寒がした。

I felt a for reason.

Hints

282
いようかと思っています＝滞在しようと思っています

283
・全力＝all you've got（持っているすべて）＝it
・全力をつくす＝全力を与える

285
直訳は「今よりよいと感じた経験は一度もない」

286
テストは金曜日＝テストは金曜日にある

287
悪寒がする＝寒気を感じる

282 I'm planning to stay here for a week.

ここに1週間いようかと思っています。

for a weekで「1週間」。be planning toなので、まだこの予定は決まっていないようです。 ▶型59

---

283 You'd better give it all you've got.

全力をつくしたほうがいいよ。

「全力をつくさないと後悔するよ」というニュアンスが含まれています。二度とこない貴重な機会なのかもしれません。
it = all you've gotと考えるとわかりやすいです。all you've gotは「持っているすべて」、つまり「全力」。「それ（全力）を与える（give）」、つまり「全力をつくす」という意味になります。 ▶型50

---

284 For some reason she started crying.

なぜだか、彼女は泣き出した。

文頭にFor some reasonがあるので、泣き出した理由が不思議であるニュアンスが伝わってきます。start + [動名詞（ing形）] で「…し始める」。 ▶型54

---

285 I've never felt better.

最高の気分だ。

直訳は「今よりよいと感じた経験は一度もない」。つまり「最高の気分だ」。略して、Never felt better. と言うことも多々あります。 ▶型43

---

286 As far as I know, the test is on Friday.

私の知る限りでは、テストは金曜日だよ。

as far as I knowで断定を避け、改めてテストの日を確認したほうが確実だと暗に伝えています。on + [曜日] で「[曜日] に」。 ▶型46

---

287 I felt a chill for some reason.

何となく、悪寒がした。

chillは「冷え、寒気」という意味です。the chill of nightで「夜の寒さ」、feel a chillで「寒気がする、悪寒がする」。for some reasonが文末にあるので、「何となく（感覚的に）」というニュアンスです。 ▶型54

288 ただそれを確認したかっただけです。

I wanted to make of it.

289 日曜日だから、ゆっくりしていればいいよ。

It's Sunday, so you have to do is .

290 だから彼らが僕に大金を払うってわけ。

That's they me the big bucks.

291 私の未来を考えるたびに、不安になる。

I think about my future, I anxious.

292 彼の返信を待つしかないよ。

you have to do is wait his reply.

293 小さなカフェを開くつもり。

I'm to a little cafe.

HINTS

288
確認する＝確信している（状態を）つくる

289
ゆっくりする＝リ〇〇〇〇する

290
ビジネスシーンでよく使うジョークのような決まり文句

291
「不安だ」ではなく「不安になる」

292
待つしかない＝待つことだけすればいい

293
具体的な予定は決まっていないが…

288 I just wanted to make sure of it.

ただそれを確認したかっただけです。

make sure of...で「…を確認する」。make sure of the time「時間を確認する」、make sure of the fact「事実を確認する」のように使います。▶型49

---

289 It's Sunday, so all you have to do is relax.

日曜日だから、ゆっくりしていればいいよ。

休日なのに慌ただしく焦っている人にかけてあげたいフレーズですね。[文章A], so [文章B]で「Aだから、B」。▶型45

---

290 That's why they pay me the big bucks.

だから彼らが僕に大金を払うってわけ。

big bucksで「大金」。文字通り、高額な給料を支払われているという意味ではありません。よい仕事をした後に、ジョークのように言う決まり文句でもあります。▶型57

---

291 Whenever I think about my future, I get anxious.

私の未来を考えるたびに、不安になる。

get anxiousで「不安になる」です。「考えるたびに」は「考えるといつも」「考えるとどんなときも」という意味なのでwheneverを使いましょう。

▶型63

---

292 All you have to do is wait for his reply.

彼の返信を待つしかないよ。

「返信を待つしかないよ」、つまり「彼の返信を待つことだけすればいいよ」。wait for...「…を待つ」なので、forを忘れないように! ▶型45

---

293 I'm planning to open a little cafe.

小さなカフェを開くつもり。

具体的な予定が決まっているわけではないけれども、カフェ開店に向けて準備を進めている様子が伝わります。▶型59

294 飲みすぎないように気をつけてくださいね。

Please be not to too much.

295 それはやってみる価値があるよ。

It's a .

296 気が狂いそうになっている。

I'm to crazy.

297 それが、私が彼について大好きなことです。

That's I about him.

298 ただ手伝いたかっただけです。

I wanted to .

299 私の知る限りでは、彼はベジタリアンだ。

As as I know, he is a .

Hints

294
toの後には動詞の原形がくる

295
ここでは「やってみる」を名詞として使っている

296
crazy「狂う」

298
「ただ…したかった」と気持ちを強調

299
私が知る限り＝私が知る範囲では

294 Please be careful not to drink too much.

飲みすぎないように気をつけてくださいね。

drinkの代わりにeatを使うと「食べすぎないようにね」になります。
[動詞] + too muchで「…しすぎる」。使いやすいので覚えておきましょう。

▶型47

---

295 It's worth a try.

それはやってみる価値があるよ。

このフレーズを最後に伝えるとさらにひと押しできるでしょう。 ▶型60

---

296 I'm about to go crazy.

気が狂いそうになっている。

I'm about to...を使うことで、気が狂いそうなほど追い込まれている様子が伝わります。go crazyで「気が狂う」。 ▶型55

---

297 That's what I love about him.

それが、私が彼について大好きなことです。

What do you love about him? (彼のどこが大好きなの?) と聞かれ、いくつか好きな点を述べた後にこのフレーズでまとめるとよいですね。

▶型62

---

298 I just wanted to help.

ただ手伝いたかっただけです。

他の理由はなく「ただ手伝いたい」気持ちをシンプルに強調しているフレーズです。 ▶型49

---

299 As far as I know, he is a vegetarian.

私の知る限りでは、彼はベジタリアンだ。

野菜を食べているところしか見たことがない、またはベジタリアンだった気がするけれどそうではないかもしれない、などの断定できないニュアンスです。 ▶型46

300 私が知る限り、彼女は真実を言っている。

As as I know, she's the truth.

301 彼によると、私たちは家に帰れるようだ。

to him, we can go .

302 なぜ何も言わなかったの？

didn't you say ?

303 あなたから連絡をもらうたびに、私は幸せな気分になる。

I get a message from you, I happy.

304 必ず、3時半までには戻ってきてね。

Make you're by 3:30.

305 評論家によると、素晴らしい映画だと言う。

to the , it's a great movie.

HINTS

300
真実を言う＝真実を伝える

301
「…によると」と第三者の情報を示している

304
直訳は「3時半までには戻っているように、確かめてください」

305
「評論する」はcriticize

300 As far as I know, she's telling the truth.

私が知る限り、彼女は真実を言っている。

「真実を言う」は、「誰かに何かを伝える」意味を持つtellを使ってtell the truthと言うのが自然。say the truthは「真実を漏らす」という意味で、ほぼ使いません。 ▶型46

---

301 According to him, we can go home.

彼によると、私たちは家に帰れるようだ。

「家に帰る」はgo homeです。houseは、go to his houseのようにtoが必要。houseは「物理的な家、戸建て」を、homeは「慣れ親しんだ場所」を表します。 ▶型52

---

302 Why didn't you say anything?

なぜ何も言わなかったの?

not + anythingで「何も…ない」と完全否定を表します。何か言ってほしかったのに何も言ってくれなかったときに使うフレーズ。 ▶型58

---

303 Whenever I get a message from you, I feel happy.

あなたから連絡をもらうたびに、私は幸せな気分になる。

日本語で「気分になる」なのでbecomeを使いたくなりますが、feelを使うのが自然です。 ▶型63

---

304 Make sure you're back by 3:30.

必ず、3時半までには戻ってきてね。

相手が出かける前に、戻る時間を確認する表現です。by「…までには」と、until「…までずっと」の使い分けに注意。 ▶型56

---

305 According to the critics, it's a great movie.

評論家によると、素晴らしい映画だと言う。

criticsは「批評家、評論家」。動詞はcriticizeで「非難する、批評する、評論する」という意味。criticize the government「政府を批判する」のように使います。 ▶型52

306 それが、私が言おうとしていたことです。

That's ____ I was ____ to say.

---

307 どこでもいいよ。

I don't ____ ____ we go.

---

308 あなたたちの会話を盗み聞きするつもりではなかったの。

I didn't ____ to eavesdrop ____ your conversation.

---

309 帰る（出かける）前にエアコンをちゃんと切ってね。

Make ____ you ____ off the air conditioners before you leave.

---

310 あなたと一緒に行けたらいいのになぁ。

I ____ I ____ go with you.

---

311 そう聞いたよ。

That's ____ I ____.

Hints

306
言おうとしていた＝言うことを試そうとしていた

307
直訳は「私たちがどこに行っても嫌ではない」

308
eavesdrop「盗み聞きする」と一緒に使う前置詞は…？

310
一緒に行けたら＝一緒に行くことができたら

311
そう聞いた＝それが私が聞いたことだ

306 That's what I was trying to say.

それが、私が言おうとしていたことです。

自分が言ったことをわかりやすく言い換えてくれた相手に使える表現ですね。日本語訳の「私が…しようとしていた」につられて現在進行形（I am trying）にしないように。 ▶型62

---

307 I don't mind where we go.

どこでもいいよ。

where we goで「私たちがどこに行こうと」という名詞節。 ▶型51

---

308 I didn't mean to eavesdrop on your conversation.

あなたたちの会話を盗み聞きするつもりではなかったの。

eavesdrop on...「…を盗み聞きする」は前置詞onを忘れずに。「ひさし（eave）から落ちる雨のしずく（drop）」が由来。 ▶型64

---

309 Make sure you turn off the air conditioners before you leave.

帰る（出かける）前にエアコンをちゃんと切ってね。

leaveは「その場を離れる」なので、会社からleaveなら「外出する、帰る」、家からleaveなら「出かける」という意味になります。 ▶型56

---

310 I wish I could go with you.

あなたと一緒に行けたらいいのになぁ。

現在のことを嘆いているのでcanの過去形（could）を使います。I wish I could...で「…できたらいいのになぁ」という表現です。 ▶型65

---

311 That's what I heard.

そう聞いたよ。

「自分の考えではないが、そう聞いた」ということを強調しているフレーズです。 ▶型62

312 あなたの声を聞くたびに安心します。

I ______ relieved ______ I hear your voice.

---

313 質問をしてもいいですか？

Do you ______ if I ______ you a question?

---

314 私がご一緒してもよいですか？

Do you ______ if I ______ you?

---

315 あなたを急かしたつもりではなかったのです。

I didn't ______ to ______ you.

---

316 このボタンを押すだけでいいですよ。

______ you have to do is ______ this button.

---

317 なんで彼に返信しなかったの？

______ didn't you ______ to him?

Hints

312
安心する＝安心を感じる

313
質問してもいいですか？＝質問したら気になりますか？

314
ご一緒する＝あなたに加わる

315
通勤時間に混雑することを何と言う？

312 I feel relieved whenever I hear your voice.

あなたの声を聞くたびに安心します。

feel relievedで「安心する」という意味です。Wheneverは文頭だけでなく、文のうしろにも置けます。 ▶型63

---

313 Do you mind if I ask you a question?

質問をしてもいいですか？（嫌じゃないかな？）

ask + [人] + [尋ねること] の語順が大切です。また、Do you mind ifを使うと、ストレートに尋ねるCan I ask you a question?よりも相手に配慮している印象を与えます。 ▶型48

---

314 Do you mind if I join you?

私がご一緒してもよいですか？（嫌じゃないかな？）

joinは「参加する」です。join youで「あなたに加わる」、つまり「参加する、ご一緒する」という意味になります。 ▶型48

---

315 I didn't mean to rush you.

あなたを急かしたつもりではなかったのです。

rushは「急ぐ、…を急がせる」。Don't rush.（焦るな）、Don't rush me.（私を急かさないで）と使います。急いでその場を出るときは、I don't mean to rush you.と現在形で使うこともしばしばあります。 ▶型64

---

316 All you have to do is press this button.

このボタンを押すだけでいいですよ。

写真を撮影をお願いするときに、「このボタンを押すだけでいいですよ」と使える表現ですね。 ▶型45

---

317 Why didn't you reply to him?

なんで彼に返信しなかったの？

「返信する、返事する」はreplyです。「[人]に返信する」と言うときはreplyの後にto+[人]が必要です。 ▶型58

318 今、まさに電車に乗るところだよ。

I'm to on the train.

319 私の知る限り、私たちは必要なものすべてを持っている。

As as I know, we have we need.

320 なぜだか、今日は金曜日だとずっと思う。

For some I thinking it's Friday today.

321 静岡にいる妹のところへ行くつもり。

I'm to my sister in Shizuoka.

322 それを忘れないようにしてください。

Make you forget it.

323 笑わずにはいられなかった。

I couldn't .

HINTS

319
必要なものすべて=私たちが必要なすべてのもの

320
ずっと思う=考え続ける

321
具体的な予定は決まっていないが…

323
どうしても笑ってしまう、というニュアンス

318 I'm about to get on the train.

今、まさに電車に乗るところだよ。

get on...「…に乗る」。take the trainだと「電車で行く」です。ちなみに、a local train「普通列車」、an express train「急行列車」、a limited express「特急列車」。 ▶型55

319 As far as I know, we have everything we need.

私の知る限り、私たちは必要なものすべてを持っている。

自分が必要だと思っているものは、すべて揃っているけれど、もしかしたら追加で何かが必要になるかもしれない、というニュアンス。 ▶型46

320 For some reason I keep thinking it's Friday today.

なぜだか、今日は金曜日だとずっと思う。

keep thinkingで「考え続ける」、つまり「ずっと思う」という意味です。早く週末がきてほしい気持ちが伝わるフレーズです。 ▶型54

321 I'm planning to visit my sister in Shizuoka.

静岡にいる妹のところへ行くつもり。

まだ予定として固まっていないけれど、計画を進めているニュアンスです。visitの後は[人]も[場所]もOK。 ▶型59

322 Make sure you don't forget it.

それを忘れないようにしてください。

持ち物を再確認するときや、上司が部下に仕事を説明した後に「忘れないように」と念押しするときによく使います。 ▶型56

323 I couldn't help laughing.

笑わずにはいられなかった。

面白いことがあって、笑う以外の選択肢がなかったニュアンス。 ▶型66

324 走ったほうがいいよ。

You'd run.

325 彼女を気の毒に思わずにはいられない。

I can't sorry for her.

326 もっと記憶力がよかったらいいのになぁ。

I I a better memory.

327 何とかこっそり抜け出した。

I to out.

328 なぜ申込書を提出しなかったの？

didn't you the application?

329 7月4日に出発するつもりです。

I'm to on the 4th of July.

330 晩御飯までに絶対、片づけてね。

Make you tidy up dinner.

HINTS

324
強い警告のニュアンスを含む

325
sorryは「気の毒な」という意味も

326
記憶力がよい＝よい記憶力を持っている

328
applicationは「申込書」

329
具体的な予定は決まっていないが…

330
晩御飯までに＝晩御飯の前には

324 You'd better run.

走ったほうがいいよ。

had betterなので、電車に乗り遅れるなどのよくないことが起こる、という警告を含んでいます。 ▶型50

325 I can't help feeling sorry for her.

彼女を気の毒に思わずにはいられない。

sorryは「気の毒な、可哀想な」という意味があります。同情の気持ちを伝えるときにも役立つフレーズです。 ▶型66

326 I wish I had a better memory.

もっと記憶力がよかったらいいのになぁ。

memoryは「記憶力」。a good memoryで「よい記憶力」、a bad memoryやa poor memoryで「悪い記憶力」です。 ▶型65

327 I managed to sneak out.

何とかこっそり抜け出した。

sneak outで「こっそり抜け出す」。sneak into a roomにすると「部屋にこっそり入る」という意味になります。 ▶型53

328 Why didn't you submit the application?

なぜ申込書を提出しなかったの?

applicationは「申込書」。submitは「…を提出する」。もう少しカジュアルな表現に、hand in...「…を出す、提出する」があります。 ▶型58

329 I'm planning to leave on the 4th of July.

7月4日に出発するつもりです。

検討しているニュアンスです。このleaveは「出発する」で、leave for Osakaのようにfor + [場所] を入れてもいいですね。 ▶型59

330 Make sure you tidy up before dinner.

晩御飯までに絶対、片づけてね。

親が子どもにこのフレーズを言っているシーンが想像できますね。tidy up...で「…をきれいに片づける」。 ▶型56

4章

67 I should have...

(…すればよかったです。)

I should have said it sooner.

(それをもっと早く言えばよかった。)

1 過去の後悔を伝える型(パターン)

「参加すればよかった」「買っておけばよかった」「謝ればよかった」…など、過去を嘆くシーンは誰にでもあるはず。そんなときに使えるのがI should have...という型です。

shouldが「…すべきだ」で、その過去形「…すべきだった」がこのshould have + [過去分詞] です。

例 **I should have** done it sooner.
（もっと早くにやっておけばよかった）

should haveの後に、doの過去分詞であるdoneを置きます。

---

2 I should haveの否定形は?

否定形は、shouldとhaveの間にnotを入れて、I should not haveとします。

例 I should **not** have done that.
（それをやらなければよかった）

---

3 つなげて発音する

should haveの発音は、「シュッド・ハヴ」としないように注意しましょう。should haveをつなげて、「シュダヴ」のように発音します。

ちなみに、should haveの短縮形がshould'veで、これがまさに「シュダヴ」と発音します。

68 I'm afraid...

(残念ながら…です。)

I'm afraid I can't.
(残念ながらできません。)

1 残念な気持ちや反省の気持ちを表しながら何かを伝える型（パターン）

㉑ **I'm afraid** I have the wrong number.
(残念ながら間違った番号のようです)

㉑ **I'm afraid** it will rain tomorrow.
(残念ながら明日は雨のようです)

「残念ながら…です」と、残念な気持ちや反省の気持ちを込めながら何かを伝えるには、**I'm afraid...**を使うとよいですね。

I can't.（できません）とストレートに伝えるよりも、**I'm afraid** + [主語] + [動詞] を使って、**I'm afraid I can't.**（残念ながらできません）と言ったほうが、申し訳ない気持ちを丁寧に伝えられます。

---

2 I'm afraid of...との違いは?

afraidといえば、**I'm afraid of...**の形で習った人も少なくないのではないでしょうか。

㉑ I'm afraid **of** earthquakes.（私は地震が怖い）

㉑ I'm afraid **of** cats.（私はネコが怖い）

I'm afraid of...は「…が怖い」という意味です。

I'm afraid...
残念ながら…です

I'm afraid of...
…が怖い

69 What if...?

(もし…だったらどうする?)

What if it rains tomorrow?
(もし明日、雨だったらどうする?)

1 仮定の話に意見を求める型(パターン)

What if...? は「もし…だったらどうする(どうなる)?」という意味の型。

例えば、来週キャンプに行く約束をしているのに、天気予報によると雨が降りそう…。

そんなとき、「もし雨が降ったらどうする?」と仲間に意見を求めたいですよね。

例 **What if it rains?** (もし雨が降ったらどうする?)

意見を求めると同時に、未来への不安を口にしています。

What if + [主語] + [動詞] ? という語順で使います。

---

2 あり得なさそうなことにも使える

次の文章のように「あり得ないけれど、もし現実になったらどうする?」と、仮定の話をするときにも使えます。

例 What (would you do) if you were in my place?
(君が僕の立場だったらどうする?)

「君」が「僕」になることはあり得ないので、これは仮定の話ですよね。

このように「現実的ではないけれど、もしそうだったらどうする?」というニュアンスでも使えます。

仮定の話なので、What if + [仮定法] の形を使います。

[仮定法] の形を簡単に言うと、if以降の動詞を過去形にすればいいのです。

70 I might have...
(…したかもしれません。)

I might have broken your pen.
(君のペンを壊してしまったかもしれない。)

1 「…したかもしれない」と過去の推量を表す型(パターン)

例 **I might have** caught a cold.
(風邪を引いてしまったかもしれない)

例 **I might have** lost my ICOCA card.
(ICOCAをなくしちゃったかもしれない)

助動詞のmightは「…かもしれない」と弱い推量を表します。might have +[過去分詞]で「…したかもしれない」です。過去の事柄への推量を表します。

過去の断定を表すmust haveと比べると、確信度の違いがよくわかります。

例 I **must have** broken your pen.
(君のペンを壊してしまったに違いない)

must haveは確信的な断定を表し、might haveは推量(確信度が低い)を表します。

mightの代わりにmayを使い、I may haveでもほぼ同じ意味です。

---

2 I might have...の否定形は?

否定を表すnotをmightのうしろに置いて、I might not haveとすると「…してなかったかもしれない」という意味になります。

例 I might **not** have understood you.
(君のことを理解できていなかったかもしれない)

例 I might **not** have sent this to you.
(君にこれを送っていなかったかもしれない)

71 You must have...

(…だったに違いない。)

You must have made her angry.
(彼女を怒らせたに違いない。)

1 過去の出来事への確信を表す型（パターン）

「…だったに違いない」「きっと…だったんだろうね」と過去の出来事について、確信度の高い推量（つまり確信）を表すのが、must have...です。

must have + [過去分詞] です。

例 You must have studied hard.
(一生懸命、勉強したに違いない)

テストで満点を取ったことを知って、確信したのでしょう。

例 You must have eaten too much.(食べすぎたんでしょ)

食後から腹痛が止まらない様子を見て、確信したのでしょう。

2 短縮形はYou must've

You must have...の短縮形は、You must've...です。発音は「マスタヴ」のように聞こえます(「ヴ」はほぼ聞こえない)。

3 You must haveの否定形は?

「…ではなかったに違いない」「きっと…ではなかったのだろう」と否定形にするときは、must **not** have...とします。

例 You must **not** have made her angry.
(きっと彼女を怒らせたのではなかったのだろう)

例 You must **not** have studied.
(きっと勉強しなかったのだろう)

例 You must **not** have eaten.(きっと食べなかったのだろう)

72 I apologize if...

（もし…ならば謝ります。）

I apologize if I have been rude.
（無礼をしていたら謝ります。）

1 気を遣いながら謝罪する型（パターン）

例 **I apologize if** I hurt your feelings.
（もしあなたの気持ちを傷つけたならば謝ります）

例 **I apologize if** there are any incorrect expressions.
（もし不適切な表現があったならば謝罪します）

少し気を遣いながら「もし…だったら謝ります」と謝罪する型がI apologize if... です。

apologize のうしろにif＋［主語］＋［動詞］の文を置きます。

---

2 I'm sorry. とI apologize. の違い

どちらも謝罪するときに使う表現ではありますが、I'm sorry. は必ずしも自分に責任があるわけではありません。相手に起こった悪いことに対して、「それは残念ですね」と伝えるときにも使います。

一方で、I apologize. は自分がしたことに対して非を認め、謝罪の気持ちを伝える表現です。

---

3 apologize for...もよく使う

もっとダイレクトに謝るのであれば、I apologize for...を使うとよいです。

例 **I apologize for** the delay.
（遅れてしまい、申し訳ございません）

例 **I apologize for** hurting your feelings.
（あなたの気持ちを傷つけて申し訳ありません）

73 I'd rather...

(どちらかと言うと…したいです。)

I'd rather eat Italian food.
(どちらかと言うと、イタリアンが食べたい。)

1 はっきりとした意思がないときの型（パターン）

「イタリアンかフレンチ、どっちが食べたい?」と聞かれて、「う〜ん、どちらかと言うと、イタリアンかなぁ」のように、「どちらかと言えば、…したい」と言えるのが、**I'd rather...** です(I'dはI wouldの短縮形)。
I'd rather...の後は動詞の原形がきます。

2 誘いを断るときにも使える

「外食しない?」と誘われたときに、I'd rather eat at home.(どっちかと言うと、家で食べたいかな)と言うと暗に断ることができます。
もう少しやわらかく伝えたい場合は、次のように言うとよいでしょう。

例 I'm sorry, but I think **I'd rather** eat at home.
(ごめんなさい、どちらかと言うと家で食べたいと思います)

3 I'd rather...の否定形も覚えておこう

否定形は、notをwould ratherのうしろにつけて、I would rather not...「どちらかと言えば、…したくない」とします。
短縮形は、I'd rather not...です。

例 I would rather **not** go.(どちらかと言うと行きたくない)
例 I'd rather **not** talk about it.(それについては話したくない)

74 No wonder...

（…するのも当然だよ。）

No wonder you are sick.
（病気になるのも当然だよ。）

1 「…するのも当然」「…するのも無理ないね」と言う型（パターン）

例 **No wonder** I'm sleepy.（眠いのも当然だよね）

例 **No wonder** he is so angry.
（彼があんなに怒っているのも無理ないね）

例 **No wonder** she didn't want to go.
（彼女が行きたがらなかったのも当然だよね）

「…するのも当然だよ」「…するのも無理ないね」と言いたいとき、その理由に納得しているときに使うのが**No wonder...**です。

No wonderの後に［主語］＋［動詞］の文を続けます。

もともと、wonderは「驚き」という意味。No wonderで「何も驚きがないよ」が直訳です。

例えば、**No wonder I'm sleepy.**（眠いのも当然だよね）なら、昨日遅くまで仕事をしていたのか、飲み歩いていたのか、ゲームをしていたのか…理由はさまざまでしょうが、自分で「そりゃあ、眠くなるはずだわ」と自覚しているニュアンスが伝わります。

2 It isをつけると丁寧になる

No wonder...には、**It is no wonder...**のように、もともとは文頭にIt isがついていました。そのIt isが省略されているので、It isをつけるほうが、より丁寧になります。

ただ口語では、It isが省略されてNo wonderで始めるほうがナチュラルです。

75 Would you like...?

(…はいかがですか?)

Would you like some more?
(もっといかがですか?)

1 「…はいかが?」と提案する型（パターン）

例 **Would you like** some sugar? (砂糖はいかがですか?)
例 **Would you like** coffee or tea?
(コーヒーか紅茶はいかがですか?)

Would you like...? は「…はいかが?」「…はいかがですか?」と提案する型です。

wouldとありますが、目上の人に使うわけではなく、相手への提案を丁寧にしたいときに使います。

---

2 どのように返答すればいい?

次の答え方がもっともシンプルです。

例 **Yes, please.** (はい、お願いします)
例 **No, thank you.** (いいえ、結構です)

---

3 Would you likeにto不定詞を続けると

例 Would you like **to have** lunch with me?
(私とランチでもどうですか?)

Would you like + to + [動詞] でも、提案する表現になります。

Would you like + [名詞] ...? は「物」について、
Would you like + to +[動詞] ...? は「事」について使う違いがあります。

76 You are supposed to...
(…することになっています。)

You are supposed to wear a suit.
(スーツを着ることになっています。)

1 ルールや決まりごとによる義務を伝える型(パターン)

例 **You are supposed to** wear a suit tomorrow.
(明日はスーツを着てこないとダメだよ)

パーティのドレスコードに「スーツ着用」と書かれているなど、ルールや決まりごとで「…することになっている」と言う型がYou are supposed to...です。義務や責任を伝えます。

shouldやmustを使うと主観的な主張のニュアンスが出ますが、You are supposed to...を使えば、ルールや決まりで「あなたは…することになっている」というニュアンスになるので、言いにくいことも言いやすくなります。

例 **You are supposed to** wear your seatbelt.
(シートベルトを着用することになっています)

法律や社会的なルールにも応用できます。

---

2 You are supposed to...の否定文は?

例 You are **not** supposed to play soccer here.
(ここではサッカーをしちゃダメだよ)

「…してはいけないことになっている」と、禁止を遠回しに伝える表現です。

社会通念的に、もしくはルールとして禁止されているというニュアンスがあるので、must notよりも客観的な印象を与えられます。

77 How dare you...!

（よくも…できたものだ！）

How dare you say such a thing!
（よくもそんなことが言えるね！）

1 怒りや驚きの気持ちを伝える型

例 **How dare you speak to me like that!**
（よくも私にそんな話し方ができるね！）

見るからに怒りが伝わってくる表現です。

「よくも…できるね！」と、怒りや驚きの気持ちを伝えるのが **How dare you...!** です。

洋画や海外ドラマでは口論のシーンでよく聞く表現なので、ぜひ覚えておきましょう。

2 How dare you! だけでも通じる

状況次第で何のことを言っているかがわかる場合は、**How dare you!** だけでも使えます。

「よくも（そんなことが言えるね）！」「よくも（そんなことができるね）！」など、いろいろな意味になります。

3 dare の意味は？

dare はさまざまな品詞で使われます。

名詞は「挑戦」、動詞は「あえて…する」「…する勇気がある」という意味です。

How dare you...! の **dare** は助動詞「あえて…する」です。そこに **how** が加わり、「どうしたらわざわざ…できるんだ？」、つまり「よく…できるね！」という意味になります。

78 I'm happy to...
（…できて嬉しい。）

I'm happy to see you again.
（また会えて嬉しい。）

1 「…できて嬉しい」と喜びを伝える型（パターン）

例 **I'm happy to** love you.（あなたを愛せて幸せです）
例 **I'm happy to** be told that.（そう言われると私は嬉しい）
「…できて嬉しい」「…できて幸せ」という喜びを伝えるのが、**I'm happy to...** です。

---

2 I'm glad to...とどう違う?

似た意味の型に、**I'm glad to...** があります。
glad は「その瞬間ホッとして喜んでいる」というニュアンスです。**glad** は **pleased** とほぼ同じ意味です。

(1) happyとgladがほぼ同じ
例 I'm **glad** to meet you.（お会いできて嬉しいです）
例 I'm **glad** to hear that.（それはよかったですね）
glad を **happy** に代えてもほぼ同じ意味です。

(2) happyとgladが違う
次のような使い方の場合、少しニュアンスの違いがあります。
例 I'm **happy** to work with you.（一緒に働けて嬉しいです）
glad でも誤りではないものの、**happy** を使ったほうが、より自然に聞こえます。なぜなら、「一緒に働く関係」とは「比較的長く続く関係」なので、「その瞬間ホッとして喜ぶ」という意味の**glad**よりも、「嬉しい、幸せ」というもう少し継続的な意味の**happy**を使ったほうがナチュラルだからです。

79 I regret ...ing
(…したことを後悔しています。)

I regret choosing this.
(これを選んだことを後悔してる。)

1 過去にしたことへの後悔を表す型(パターン)

例 **I regret** drinking too much.
(飲みすぎたことを後悔している)

「…したことを後悔しているんだよね」と過去にしたことへの後悔を伝える型がI regret ...ingです。

I regret **not** ...ingは「…しなかったことを後悔している」という否定文になります。

例 I regret **not** buying the shoes.
(その靴を買わなかったことを後悔している)

---

2 regret having +［過去分詞］との違い

例 I **regret having been** rude to him.
(彼に失礼な態度を取ったことを後悔しています)

I regret having +［過去分詞］も「…したことを後悔している」という意味です。

regret ...ingとほぼ同じ意味ですが、regret having +［過去分詞］のほうが、明確に過去を示しています。

---

3 regret to...だと意味が変わる

例 I **regret to** say this.
(残念ながらこれを言わなければいけない)

I regret to...は「残念ながら…する」なので、意味が全く変わってしまいます。

80 I'd love to, but...

（ぜひ喜んで、でも…なのです。）

I'd love to, but I can't.

（ぜひ喜んで、でもできないのです。）

1 非常に丁寧に断る型（パターン）

I'd love to, but...は、「ぜひ喜んでと言いたいところなのですが、…なのです」のように、非常に丁寧に断る型です。

例えば、大事な試験前に旧友からの食事の誘いを「ぜひ行きたいんだけど、行けないんだ」と断るときに使います。

そもそもI'd love toはI would love toの短縮形です。I would love to + [動詞] で「ぜひ…したいです」という意味です。

例 I would love to go.（ぜひ行きたいです）

---

2 I'd like to...との違いは？

I'd love to...「ぜひ…したい」には、「ぜひ」という強い気持ちがあります。気持ちが前のめりになっている印象が伝わってきますよね。

一方で、I'd like to...は「（できれば）…したい」（▶型07）という意味です。I'd love to...よりも、やわらかく控えめに願望を伝える印象です。

強い願望

I'd love to...
ぜひ…したい

控えめな願望

I'd like to...
（できれば）…したい

331 君は何かいいことをしたに違いない。

You something good.

332 疲れているのも無理ないよ。

No you're .

333 風邪を引いちゃったかも。

I have a cold.

334 よくも！

How you!

335 アイスクリームでもいかがですか？

Would you some ?

336 ぜひ喜んで、しかし他の予定があるのです。

I'd to, but I have plans.

337 よくも平気で私に口ごたえできるね！

How you talk to me!

HINTS

331
強い確信を持って、過去のことを推量している

332
無理ないよ＝当然だよ

333
引いちゃったかも＝引いたかも

334
状況によって何とでも訳せる決まり文句

336
ぜひ、という強い気持ちはあるのだが…

337
口ごたえ＝言い返す

331 You must've done something good.

君は何かいいことをしたに違いない。

must haveの短縮形、must'veが使われています。「何かいいことをしたはず」と確信している表現です。 ▶型71

---

332 No wonder you're tired.

疲れているのも無理ないよ。

多忙な日々を送る人に「そりゃ疲れるよね」という気持ちを込めて使えます。「無理ないよ」はつまり「当然だよ(No wonder)」。 ▶型74

---

333 I might have caught a cold.

風邪を引いちゃったかも。

catch a coldで「風邪を引く」。「引いたかも」は過去の推量なのでmight have +[過去分詞]を使います。 ▶型70

---

334 How dare you!

よくも!

「よくもそんなことが言えたものだ!」「よくもそんなことができるね!」と状況によって訳が変わります。使い勝手のいい決まり文句。 ▶型77

---

335 Would you like some ice-cream?

アイスクリームでもいかがですか?

食後のデザートを提案するときに最適な表現ですね。ice creamと2語でもOKですが、icecreamと1語にするのは誤りです。 ▶型75

---

336 I'd love to, but I have other plans.

ぜひ喜んで、しかし他の予定があるのです。

他の予定があるために誘いや依頼を断っています。この文の後に予定について説明を加えても、これだけでも問題ありません。 ▶型80

---

337 How dare you talk back to me!

よくも平気で私に口ごたえできるね!

talk back「言い返す」、つまり「口ごたえする」。怒りや呆れを感じさせる表現です。 ▶型77

HINTS

338 あなたの気持ちを傷つけて後悔しています。

I your feelings.

339 あなたの率直な意見を聞けて嬉しいです。

I'm to your frank opinion.

340 あなたは毎朝、ベッドを整えなければならない。

You are to the bed every morning.

340
ベッドを整える＝ベッドメイキングする

341 きっと疲れていたんでしょうね。

You have tired.

342 飛行機が遅れたらどうする?

What the is delayed?

342
飛行機＝航空便

343 どちらかと言うと、ビールが飲みたいです。

I'd beer.

343
ワインなど、ビール以外の飲み物を強く勧められたときに…

344 あなたにここでお会いできて嬉しいです。

I'm to you here.

338 I regret hurting your feelings.

あなたの気持ちを傷つけて後悔しています。

hurtは「…を傷つける」、feelingsは「気持ち」。regretの後を動名詞(hurting)にして過去の後悔を表します。 ▶型79

---

339 I'm happy to hear your frank opinion.

あなたの率直な意見を聞けて嬉しいです。

frank opinionで「率直な意見」。To be frank with youで「率直に言うと」のように使います。このhappyはgladにしてもよいです。 ▶型78

---

340 You are supposed to make the bed every morning.

あなたは毎朝、ベッドを整えなければならない。

be supposed toなので、主観的な意見ではなく、規則として毎朝のベッドメイキングをしなければならないニュアンスです。 ▶型76

---

341 You must have been tired.

きっと疲れていたんでしょうね。

例えば「昨日はすぐに寝てしまった」と言われたときに使えます。 ▶型71

---

342 What if the flight is delayed?

飛行機が遅れたらどうする?

「飛行機が遅れる」とは「航空便・フライトが遅れる」ということ。flightをtrain「電車」やbus「バス」に変えて応用できます。 ▶型69

---

343 I'd rather drink beer.

どちらかと言うと、ビールが飲みたいです。

ワインを強く勧められたけれど、ワインの気分じゃない…。Sorry, などの前置きをして、このフレーズを言うとよいですね。 ▶型73

---

344 I'm happy to see you here.

あなたにここでお会いできて嬉しいです。

偶然会えて嬉しいときにも使えます。happyをgladにしてもOK。 ▶型78

345 お代わりはいかがですか？

Would you ?

346 どちらかと言うと、歩きたいです。

I'd walk.

347 残念ながらできません。

I'm I .

348 タクシーの中に携帯を忘れてきたかも。

I have my mobile in the taxi.

349 昨晩、食べすぎたことを後悔している。

I too much last night.

350 あなたの気持ちを傷つけたならば謝ります。

I if I your feelings.

351 太ったのも当然だよね。

No I weight.

HINTS

345
お代わり＝2杯目

346
どちらかと言うと＝むしろ

348
携帯を忘れてくる＝携帯を置き忘れてくる＝携帯を置いてくる

351
太る＝体重を得る

345 Would you like seconds?

お代わりはいかがですか?

seconds「お代わり」は、second「2杯目」からきているようです。 ▶型75

346 I'd rather walk.

どちらかと言うと、歩きたいです。

例えば「駅まで送ってあげようか?」と提案されたけれど、むしろ歩きたい…。そんなときに使えるフレーズです。 ▶型73

347 I'm afraid I can't.

残念ながらできません。

文脈で何のことかわかれば、I'm afraid I can't. だけでOKです。唐突にI can't. とだけ言うより、丁寧さが伝えられます。 ▶型68

348 I might have left my mobile in the taxi.

タクシーの中に携帯を忘れてきたかも。

leaveには「置いてくる」という意味もあります。「忘れてきたかも」は過去の推量なのでmight haveを使います。 ▶型70

349 I regret eating too much last night.

昨晩、食べすぎたことを後悔している。

too muchで「…しすぎる」。ダイエット中や、腹痛になったときに使えそうですね。regretの後は動名詞(eating)です。 ▶型79

350 I apologize if I hurt your feelings.

あなたの気持ちを傷つけたならば謝ります。

feelingsは「感情、気持ち」。hurtは現在形と過去形が同じ形なので文脈で判断しましょう。 ▶型72

351 No wonder I gained weight.

太ったのも当然だよね。

太った原因に自覚があって、体重計に乗ったら「やっぱり太ってた…」というときに使えます。 ▶型74

352 いくつか、どう？

Would you ?

HINTS

352 いくつか、どう？＝いくつかほしいですか？

---

353 よくも彼女を無視できるね！

How you her!

---

354 それを言わなければよかった。

I have said that.

354 否定形なのでnotの位置に注意

---

355 袋はいかがでしょうか？

Would you a ?

355 袋＝バッグ

---

356 彼女がNoって言ったらどうする？

What she no?

356 相手がNoと言うかも…という不安

---

357 どちらかと言うと、イギリスに住みたいよ。

I'd live in UK.

357 「いや、むしろ…」という気持ちで言うフレーズ

---

358 あなたが遅れたのも当然だよ。

No you late.

358 「遅れた」は過去形

352 Would you like some?

いくつか、どう?

例えば、いくつかのお菓子が入っている箱を見せながら使います。someなので「何のいくつか」がわかる状況で使います。 ▶型75

353 How dare you ignore her!

よくも彼女を無視できるね!

ignoreは「…を無視する」という意味です。 ▶型77

354 I should not have said that.

それを言わなければよかった。

should have saidの否定形です。notの位置に注意しましょう。言ってしまったことへの後悔を表現しています。日常会話で使えるフレーズなので覚えておくと便利です。 ▶型67

355 Would you like a bag?

袋はいかがでしょうか?

このbagはかばんではなく、「袋」の意味です。英語圏のスーパーなどでよく耳にするフレーズです。 ▶型75

356 What if she says no?

彼女がNoって言ったらどうする?

相手の都合もあって依頼を受けてもらえないかも、と思うときに使えます。「Yesと言う」は、say yesです。 ▶型69

357 I'd rather live in the UK.

どちらかと言うと、イギリスに住みたいよ。

「日本ほど便利な国はないよね。海外に住みたくないでしょう?」に対して「そうでもないなぁ、むしろ…」と言うときに使えます。 ▶型73

358 No wonder you were late.

あなたが遅れたのも当然だよ。

遅刻することが事前に予想できる状況で「やっぱり遅れた!」というときに使います。 ▶型74

359 あなたは秘密を守らなければならない。

You are to a secret.

---

360 赤信号では停車しなければならない。

You are to at the red light.

---

361 もっと練習しておくべきだった。

I have practiced .

---

362 あなたを愛せて幸せだよ。

I’m to you.

---

363 ぜひ喜んで、でも一文なしなのです。

I’d to, but I’m .

---

364 先生の言うことを聞いておけばよかった。

I have to the teacher.

HINTS

359
秘密を守る＝秘密を保つ

360
停車しなければならない＝停車することになっている

361
もっと＝より多く

363
ぜひ、という強い気持ちはあるのだが…

364
[人]の言うことを聞く＝[人]の話を聞く

359 You are supposed to keep a secret.

あなたは秘密を守らなければならない。

keep a secret「秘密を守る」。be supposed toを使っているので、個人的にではなく規則やルールとして守る義務があるというニュアンスです。

▶型76

---

360 You are supposed to stop at the red light.

赤信号では停車しなければならない。

法律で決まっていることにも、be supposed toを使います。 ▶型76

---

361 I should have practiced more.

もっと練習しておくべきだった。

practiceは「練習する」。「もっと」は、moreを使います。過去の練習不足を嘆いているフレーズです。 ▶型67

---

362 I'm happy to love you.

あなたを愛せて幸せだよ。

「あなたを愛す」という長い関係を「喜ぶ」ので、happyを使うのがナチュラルです。とてもいい関係が築けているようで微笑ましいですね。 ▶型78

---

363 I'd love to, but I'm broke.

ぜひ喜んで、でも一文なしなのです。

brokeは形容詞で、I'm broke.「一文なしだ」という口語表現。誘いに対して「行きたいけど、今はお金がない」と言いたいときに使える表現です。

▶型80

---

364 I should have listened to the teacher.

先生の言うことを聞いておけばよかった。

listen to +［人］で「［人］の話を聞く、耳を傾ける」です。listen to the teacherで「先生の話を聞く、先生の話に耳を傾ける」という意味です。

▶型67

365 よくもそんなことが言えるね！

How you such a thing!

366 ぜひと言いたいのですが、忙しいです。

I'd to, but busy.

367 ここで写真を撮ってはいけません。

You're to take pictures here.

368 転職したことを後悔しています。

I jobs.

369 君を困らせちゃったかもしれないね。

I have you.

370 もっと熱心に勉強すればよかった。

I have studied .

371 もし、あなたを誤解していたならば謝ります。

I if I you.

Hints

366
ぜひ、という強い気持ちはあるのだが…

367
直訳は「ここで写真は撮らないように考えられている」

370
「もっと熱心に」なので比較級を使う

371
誤解する＝勘違いする

365 How dare you say such a thing!

よくもそんなことが言えるね!

such a thing「そのようなこと」。How dare youの後は動詞の原形がきます。 ▶型77

366 I'd love to, but I'm busy.

ぜひと言いたいのですが、忙しいです。

Sorry, I'm busy now. だと少し冷たい印象ですが、I'd love to, but... と言えば相手への配慮が伝わります。 ▶型80

367 You're not supposed to take pictures here.

ここで写真を撮ってはいけません。

picturesはphotosでもよいです。You're not supposed toの語順に注意。ルールとして写真撮影が禁止されているニュアンスです。 ▶型76

368 I regret changing jobs.

転職したことを後悔しています。

change jobsで「転職する」。regretの後は動名詞（changing）にして過去の後悔を表しましょう。 ▶型79

369 I might have confused you.

君を困らせちゃったかもしれないね。

confuse＋[人]で「[人]を困らせる」。「困らせちゃったかも」は過去の推量なのでmight haveを使います。 ▶型70

370 I should have studied harder.

もっと熱心に勉強すればよかった。

このhardは「懸命に、熱心に」。「もっと熱心に」なので比較級（harder）にします。work hardで「懸命に働く」も覚えておきましょう。 ▶型67

371 I apologize if I misunderstood you.

もし、あなたを誤解していたならば謝ります。

「誤解していた」なのでmisunderstandの過去形、misunderstoodにします。コミュニケーションに少し問題があったときに使えます。 ▶型72

372 君は彼に失礼な態度を取ったんだろうね。

You　　have　　rude to him.

373 文句を言ったことを後悔している。

I　　　　.

374 ここで食べてはいけないことになっています。

You're　　　　to eat here.

375 新しいパソコンになって嬉しいです。

I'm　　　to　　　a new PC.

376 彼が10時までに現れなかったらどうする？

What　　he doesn't　　　up by 10?

377 もし彼らが理解できないのであれば謝ります。

I　　　　if they　　　　understand.

378 ぜひ喜んで、でもできないのです。

I'd　　　　to, but I　　　.

Hints

372
…に失礼な態度を取る＝be rude to...

374
否定を表す語の位置に注意

375
新しいパソコンになって＝新しいパソコンを持って

376
現れる＝姿を見せる

378
できない＝私はできません

372 You must have been rude to him.

君は彼に失礼な態度を取ったんだろうね。

be rude to...で「…に無礼な態度を取る」。beは過去分詞（been）にします。彼が怒っている姿を見て確信したのでしょう。 ▶型71

---

373 I regret complaining.

文句を言ったことを後悔している。

complainは「文句を言う」という意味。regretの後を動名詞（complaining）にして過去の後悔を表します。 ▶型79

---

374 You're not supposed to eat here.

ここで食べてはいけないことになっています。

規則やルールとして禁止を伝える表現。例えば、外国人観光客の人が禁止されている場所で食事をしていたら使ってみましょう。 ▶型76

---

375 I'm happy to have a new PC.

新しいパソコンになって嬉しいです。

新しいパソコンを入手して喜んでいる様子が伝わりますね。gladを使って新しいPCにした、その瞬間の喜びを表すのもOKです。 ▶型78

---

376 What if he doesn't show up by 10?

彼が10時までに現れなかったらどうする？

show upは「現れる、登場する」。このフレーズを言っている時点で、すでに彼は予定の時間に遅れていることなどが推測できます。 ▶型69

---

377 I apologize if they can't understand.

もし彼らが理解できないのであれば謝ります。

頑張って説明したけれど、うまく伝わっているか自信がないときに使えるフレーズです。 ▶型72

---

378 I'd love to, but I can't.

ぜひ喜んで、でもできないのです。

誘いや依頼に応えたいけれど、丁寧に断るときのシンプルなフレーズです。たいてい、この後にできない理由を述べます。 ▶型80

379 万が一、うまくいかなかったらどうする?

What we should ?

380 残念ながら、それは在庫切れです。

I'm it is of stock.

381 予約しなかったことを後悔している。

I not a reservation.

382 幸せそうなのも当然だよね。

No you happy.

383 パスワードを忘れちゃったかも。

I have the password.

384 明日、雨が降ったらどうする?

What rains tomorrow?

Hints

379
うまくいかない=失敗する

380
在庫切れ=在庫外です

382
幸せそう=幸せに見える

384
雨だったらどうしよう…という不安

379 What if we should fail?

万が一、うまくいかなかったらどうする?

failは「失敗する」。今回のように、ifの後の文にshouldを入れるとifを強調できます。「もし」よりも「万が一」と、強い仮定の意味になります。

▶型69

---

380 I'm afraid it is out of stock.

残念ながら、それは在庫切れです。

out of stockで「在庫切れ」という意味です。I'm afraidの後は［主語］+［動詞］の語順です。

▶型68

---

381 I regret not making a reservation.

予約しなかったことを後悔している。

満席だったのでしょうね。make a reservationで「予約する」。regretの後を動名詞（making）にして過去の後悔を表します。notの位置にも注意しましょう。

▶型79

---

382 No wonder you look happy.

幸せそうなのも当然だよね。

幸せそうな人の理由に納得を伝える表現です。「（見るからに）幸せそう」なのでlookを使ってyou look happyと言います。

▶型74

---

383 I might have forgotten the password.

パスワードを忘れちゃったかも。

forgetの過去分詞forgottenは不規則変化です。よく使う単語なのでそのまま覚えましょう。「忘れたかも」は過去の推量なのでmight haveを使います。

▶型70

---

384 What if it rains tomorrow?

明日、雨が降ったらどうする?

ピクニックやバーベキュー、スポーツ観戦など楽しみにしていた野外イベントの日に雨が降る可能性が出てきた…というときに使えます。ifの後は［主語］+［動詞］の語順です。

▶型69

385 メッセージを読み違えたかもしれない。

I have your message.

386 残念ながら、私は彼女によくできなかった。

I'm I very nice to her.

387 昨晩、夜更かししたんでしょ。

You have up late last night.

388 もし迷惑をかけているようであれば謝ります。

I if I'm you.

389 残念ながら、状況を完全に読み違えました。

I'm I completely the situation.

390 あなたがこれを攻撃的だと感じたら謝ります。

I if you this offensive.

HINTS

387
過去のことを強い確信を持って推量している

388
迷惑をかけている＝邪魔をしている

385 I might have misread your message.

メッセージを読み違えたかもしれない。

やりとりに齟齬が生じたときに使える表現ですね。「読み違える」はmisreadです。misreadは現在形・過去形・過去分詞が同じ形ですが、発音は変わります。現在形は「ミスリード」、過去形・過去分詞は「ミスレッド」と発音します。 ▶型70

386 I'm afraid I wasn't very nice to her.

残念ながら、私は彼女によくできなかった。

反省の弁を述べるフレーズです。be nice to...で「…によくする、優しくする」。「できなかった」なので過去形の否定、wasn'tにします。 ▶型68

387 You must have stayed up late last night.

昨晩、夜更かししたんでしょ。

朝から眠そうな顔をしている人に使える表現ですね。stay up lateで「夜更かしする」。 ▶型71

388 I apologize if I'm bothering you.

もし迷惑をかけているようであれば謝ります。

botherは「…の邪魔をする、…に迷惑をかける」。ifの後は文がきます。I'm...なので、その後は現在進行形(bothering)にしましょう。 ▶型72

389 I'm afraid I completely misread the situation.

残念ながら、状況を完全に読み違えました。

misreadで「読み違える」という意味。発音の注意点は385にあるとおり。I'm afraidの後は文がきます。 ▶型68

390 I apologize if you find this offensive.

あなたがこれを攻撃的だと感じたら謝ります。

このfindは「思う」。find A Bで「AをBだと思う」。ここでは「A (=this) をB (=offensive) だと思う」となります。 ▶型72

391 彼女の言ったことを誤解したんじゃないのか。

You have what she said.

392 私は彼と一緒に働けて嬉しい。

I'm to with him.

393 どちらかと言うと、それについて話したくない。

I'd talk about it.

394 お手伝いしましょうか？

Would you some ?

395 二日酔いになるのも当然だよ。

No you've a hangover.

396 よくも両親の文句が言えたものだね！

How you complain your parents!

HINTS

391
過去のことを強く確信している

393
否定語の位置に注意

394
お手伝い＝助け

395
二日酔い(hangover)になる＝二日酔い(の状態)を得る

396
・complain＝文句を言う
・両親の文句を言う＝両親についての文句を言う

391 You must have misunderstood what she said.

彼女の言ったことを誤解したんじゃないのか。

misunderstandは「誤解する」。what she said「彼女の言ったこと」も過去形なので、must haveを使います。過去のことを強く確信している表現ですね。 ▶型71

---

392 I'm happy to work with him.

私は彼と一緒に働けて嬉しい。

「一緒に働く」という長い関係性なので、happyを使うと自然な表現になります。gladでも間違いではありません。 ▶型78

---

393 I'd rather not talk about it.

どちらかと言うと、それについて話したくない。

I'd ratherにnotを加え、否定形にします。notはI'd ratherの後に置きます。notが入っていても、動詞は原形です。 ▶型73

---

394 Would you like some help?

お手伝いしましょうか?

some helpなので、相手が明らかに困っていて、Yesと答えそうな状況だと考えられます。any helpだと、「(手伝いが必要かわからないけれど) 手伝う?」と尋ねるニュアンスです。 ▶型75

---

395 No wonder you've got a hangover.

二日酔いになるのも当然だよ。

hangoverは「二日酔い」。get a hangoverで「二日酔いになる」、have a hangoverで「二日酔いだ」です。 ▶型74

---

396 How dare you complain about your parents!

よくも両親の文句が言えたものだね!

両親の気持ちを理解できない子どもに対して使うシーンが思い描けますね。complain about...「…の文句を言う」。 ▶型77

397 ぜひ喜んでと言いたいのですが、9時から練習があるのです。

I'd　　　to, but I have

from nine.

Hints

397
ぜひ、という強い気持ちはあるのだが…

---

398 宿題を終わらせておけばよかった。

I　　　have　　　my homework.

398
宿題を終わらせる＝宿題をする

---

399 どちらかと言うと、家にいたい。

I'd　　　　　　　at home.

399
家にいる＝家にとどまる

---

400 すみませんが、それを聞き取れませんでした。

I'm　　　I didn't　　　that.

400
すみませんが＝残念ながら

397 I'd love to, but I have practice from nine.

ぜひ喜んでと言いたいのですが、9時から練習があるのです。

have practiceで「練習がある」。soccer practiceとすれば「サッカーの練習」、tennis practiceで「テニスの練習」と言えます。 ▶型80

---

398 I should have done my homework.

宿題を終わらせておけばよかった。

宿題が終わっていなくて友達の誘いを断らなければならない状況で使えるフレーズですね。宿題をする（終わらせる）はdo one's homeworkです。

▶型67

---

399 I'd rather stay at home.

どちらかと言うと、家にいたい。

「どこかに出かけようか?」という提案に対して「むしろ家にいたい」と思ったときに使うと、「出かけるよりも家にいたい」ことを伝えられます。 ▶型73

---

400 I'm afraid I didn't catch that.

すみませんが、それを聞き取れませんでした。

「聞き取る」はcatchです。直訳は「残念ながら、それを聞き取れませんでした」で、そこから「すみませんが、それを聞き取れませんでした」となります。I didn't catch that.とだけ言うよりも、丁寧な印象を与えられます。

▶型68

型（パターン） 索引

A

B

C

D

E

F

H

I

著者
塚本亮　つかもと りょう
1984年京都生まれ。同志社大学卒業後、ケンブリッジ大学大学院修士課程修了（専攻は心理学）。偏差値30台、退学寸前の問題児から一念発起して、同志社大学経済学部に現役合格。その後ケンブリッジ大学で心理学を学び、帰国後、京都でグローバルリーダー育成を専門とした「ジーエルアカデミア」を設立。心理学に基づいた指導法が注目され、国内外の教育機関などから指導依頼が殺到。これまでのべ6000人に対して、世界に通用する人材の育成・指導、IELTSやTOEICの指導を行い、多くの受講生がケンブリッジ大学やロンドン大学などの世界トップ大学への合格を果たす。また、外資系や上場企業でビジネス英語研修を行い、資格試験からビジネス英語まで幅広く英語を指導している。『IELTSブリティッシュ・カウンシル公認問題集』（旺文社）の監修をはじめ、『「すぐやる人」と「やれない人」の習慣』（明日香出版社）、『世界のエリートを唸らせる 話すビジネス英語』『解くだけで思いのままに英語が話せる！～ゼッタイ覚えたい英会話フレーズ100 ～』（三修社）など著書多数。

ネイティブなら12歳までに覚える
80パターンで英語が止まらない！

著　者　塚本　亮
発行者　高橋秀雄
発行所　**株式会社 高橋書店**
〒170-6014 東京都豊島区東池袋3-1-1 サンシャイン60 14階
電話　03-5957-7103

ISBN978-4-471-11340-7

本書の内容についてのご質問は「書名、質問事項（ページ、内容）、お客様のご連絡先」を明記のうえ、郵送、FAX、ホームページお問い合わせフォームから小社へお送りください。
回答にはお時間をいただく場合がございます。また、電話によるお問い合わせ、本書の内容を超えたご質問にはお答えできませんので、ご了承ください。
本書に関する正誤等の情報は、小社ホームページもご参照ください。

【内容についての問い合わせ先】
書　面　〒170-6014 東京都豊島区東池袋3-1-1 サンシャイン60 14階
高橋書店編集部
ＦＡＸ　03-5957-7079
メール　小社ホームページお問い合わせフォームから（https://www.takahashishoten.co.jp/）

【不良品についての問い合わせ先】
ページの順序間違い・抜けなど物理的欠陥がございましたら、電話03-5957-7076へお問い合わせください。ただし、古書店等で購入・入手された商品の交換には一切応じられません。